Maike Radermacher

# Musizierende Jugend auf Reisen

## Konzeptentwicklung einer Musik-Reise für den deutschen Jugendreisemarkt

Schriftenreihe der School of International Business
Internationaler Studiengang für Tourismusmanagement (ISTM)

Herausgegeben von Felix Bernhard Herle

Band 11

**SCHRIFTENREIHE DER SCHOOL OF INTERNATIONAL BUSINESS**
**Internationaler Studiengang für Tourismusmanagement (ISTM)**

Herausgegeben von Felix Bernhard Herle

ISSN 1863-9798

3 *Angela Bergner*
Tourismus als Mittel zur Armutsminderung in Nepal
Das "Tourism for Rural Poverty Alleviation Programme" (TRPAP)
ISBN 978-3-89821-853-5

4 *Felix Bernhard Herle*
Strategische Planung grenzenloser Destinationen
Vertikale und branchenübergreifende Erweiterung Touristischer Regionen
ISBN 978-3-89821-908-2

5 *Birte Heidbreder*
Gütesiegel zur Einflussnahme auf die touristische Entwicklung einer Destination
Erfolgsanalyse des CST Costa Ricas für nachhaltigen Tourismus
ISBN 978-3-89821-986-0

6 *Linda von Nerée*
Das touristische Potential Hamburgs für chinesische Europa-Reisende
Eine Bestandsanalyse mit konkreten Veränderungsvorschlägen
ISBN 978-3-89821-780-4

7 *Joana Heinemann*
Mountainbike-Tourismus im Wettbewerb
Zielgruppenorientierte Optimierung von Packages im Destinationsmarketing
ISBN 978-3-8382-0167-2

8 *Tina Böttinger*
Die Entwicklung der Erlebnisorientierung
Status quo und Perspektiven in der Kreuzfahrt- und Themenparkbranche
ISBN 978-3-8382-0259-4

9 *Moritz Busch*
Kooperationspotenziale von Lufthansa und Germanwings aus Konsumentenperspektive
Eine Untersuchung zu Einflussfaktoren auf die konsumentenperspektivische Akzeptanz von Kooperationen konträrer Geschäftsmodelle
ISBN 978-3-8382-0456-7

10 *Stefanie Schmaus*
A Brand Identity for the Frisian Wadden Sea
Destination Branding on the Basis of Destination Image Analysis
ISBN 978-3-8382-0490-1

11 *Maike Radermacher*
Musizierende Jugend auf Reisen
Konzeptentwicklung einer Musik-Reise für den deutschen Jugendreisemarkt
ISBN 978-3-8382-0527-4

Maike Radermacher

# MUSIZIERENDE JUGEND AUF REISEN

## Konzeptentwicklung einer Musik-Reise für den deutschen Jugendreisemarkt

Schriftenreihe der School of International Business
Internationaler Studiengang für Tourismusmanagement (ISTM)

Herausgegeben von Felix Bernhard Herle

Band 11

*ibidem*-Verlag
Stuttgart

**Bibliografische Information der Deutschen Nationalbibliothek**
Die Deutsche Nationalbibliothek verzeichnet diese Publikation in der Deutschen Nationalbibliografie; detaillierte bibliografische Daten sind im Internet über http://dnb.d-nb.de abrufbar.

**Bibliographic information published by the Deutsche Nationalbibliothek**
Die Deutsche Nationalbibliothek lists this publication in the Deutsche Nationalbibliografie; detailed bibliographic data are available in the Internet at http://dnb.d-nb.de.

Coverabbildung: © Axel Hoffmann / PIXELIO

∞

Gedruckt auf alterungsbeständigem, säurefreien Papier
Printed on acid-free paper

ISSN: 1863-9798

ISBN-13: 978-3-8382-0527-4



Printed in Germany

## Vorwort

Die Hochschule Bremen ist bereits seit Jahrzehnten eine international sehr gut vernetzte und anerkannte große Fachhochschule in Deutschland. So landeten beim aktuellen Hochschulranking des Centrums für Hochschulentwicklung (CHE) mit den Internationalen Studiengängen Wirtschaftsingenieurwesen und Fachjournalistik sowie dem Studiengang Betriebswirtschaftslehre gleich drei von vier untersuchten Fächern der Hochschule Bremen in der Kategorie internationale Ausrichtung in der Spitzengruppe. Die Hochschule Bremen galt stets als Vorreiterin für wesentliche innovative Entwicklungen. Mit der Verleihung des „Best Practice Award“ des CHE, des „Marketingpreises“ des DAAD und der Auszeichnung als „Reformhochschule“ durch den Stifterverband ist dies angemessen und öffentlich gewürdigt worden.

Diese herausgehobene Stellung zu erhalten und weiter auszubauen ist natürlich eine wesentliche Triebfeder, sich Entwicklungen zeitgemäß anzupassen. Deshalb wurde in der Hochschule Bremen in den letzten Jahren eine Reihe tiefgreifender Veränderungen initiiert, angefangen bei der Umstellung auf das Bachelor-/Mastersystem über die Reformierung bestehender und die Einrichtung neuer Studienprogramme bis hin zur Reorganisation der 9 Fachbereiche und ihrer Zusammenfassung zu 5 Fakultäten.

Bei all diesen Entwicklungsprozessen haben die Fachbereiche „Nautik und Internationale Wirtschaft/School of International Business (FB 6)“ sowie „Wirtschaft (FB 9)“ eine besondere Rolle in der Hochschule Bremen gespielt. Von Beginn an galt die Internationalisierung als das wesentliche Markenzeichen beider Fachbereiche. Seit März 2008 sind beide Fachbereiche zur Fakultät Wirtschaftswissenschaften fusioniert. Die Bezeichnung „School of International Business (SIB)“ aus dem ehemaligen FB 6 wurde dabei auch für die neue Fakultät als bereits etablierter Markenname beibehalten, nicht zuletzt, um die besondere Bedeutung der Internationalität in der Fakultät zu unterstreichen.

Mit nunmehr über 3200 Studierenden prägt diese große Fakultät natürlich das Profil der Hochschule Bremen deutlich: Von den elf Bachelorstudiengängen und zehn Masterstudiengängen (davon drei als konsekutive Masterstudiengänge der Fakultät bzw. in Verbindung mit der Fakultät Gesellschaftswissenschaften) sind nahezu 90 % internationalisiert, zum großen Teil mit einem verpflichtenden Auslandsaufenthalt, einem erheblichen Anteil curricular verankerter englischsprachiger Lehrveranstaltungen, einer intensiven interkulturellen Vorbereitung auf Auslandsaufenthalte und einer multikulturellen Lehr- und Lernatmosphäre, die durch ca. 200 internationale Gaststudierende (Incomings) und viele Lehrende von internationalen Partnereinrichtungen geprägt ist. Die Fakultät unterhält ca. 80 Auslandskooperationen weltweit, die von ca. 500 Studierenden (Outgoings) für das Auslandsstudium/Auslandspraktikum genutzt werden.

Mit dem jährlichen SIB-Kongress bietet die Fakultät einer breiten Öffentlichkeit die Möglichkeit, sich intensiv mit den Leistungen der Fakultät vertraut zu machen und Studierende wie Lehrende kennen zu lernen.

In diesem Sinne ist auch der nun vorliegende neue Band der Schriftenreihe der School of International Business (in Kooperation mit dem ***ibidem***-Verlag) als Aufforderung zu verstehen, sich mit ausgewählten Beiträgen unserer Lehrenden und Absolventen auseinander zu setzen.

Ich wünsche unseren Leserinnen und Lesern viel Freude bei der Lektüre und bin sicher, dass Sie sich von der Qualität unserer Fakultät auch auf diesem Wege überzeugen können.

Prof. Dr. Dietwart Runte
Dekan der School of International Business/Fakultät Wirtschaftswissenschaften

„Reisen ist in der Jugend ein Teil der Erziehung, im Alter ein Teil der Erfahrung“

(Sir Francis Bacon)

Danksagung

An dieser Stelle möchte ich mich bei all denjenigen bedanken, die mich bei der Anfertigung dieser Bachelor-Arbeit unterstützt und motiviert und zu ihrem Gelingen beigetragen haben.

Ein besonderer Dank gilt meinem Erstprüfer, Prof. Dr. Herle, für seine konstruktive Kritik und die Unterstützung und Begleitung des gesamten Forschungsprozesses, für Denkanstöße und Herangehensweisen, die zu neuen Ideen führten. Ebenso großer Dank geht an meine Zweitprüferin, Prof. Dr. Freericks, für ihre ausgiebige Unterstützung, ihre Geduld, die Bereitstellung wichtiger Literatur und die hilfreichen Anregungen und Ratschläge.

Außerdem bedanke ich mich bei Herrn Ebeling für seine Hilfe bei der Auswertung des statistischen Datensatzes.

Des Weiteren bin ich den Mitarbeitern von „Ruf Jugendreisen“ für ihre Zeit und Informationen sehr dankbar.

Abschließend möchte ich mich bei all denen bedanken, die mir bei der Verbreitung des Fragebogens geholfen habe.

**Kurzzusammenfassung**

Jugendliche sind eine wichtige Zielgruppe und im Tourismus ein Markt, in dem es zahlreiche Innovationen gibt. Viele Jugendliche musizieren. Gleichzeitig ist der Anteil der Jugendlichen, die verreisen, sehr hoch. Im Bereich der Jugendreisen gibt es bereits Themenreisen, wie z. B. Sprach- oder Sportreisen. Obwohl Musik eine zentrale Rolle in der Freizeitgestaltung von Jugendlichen spielt, gibt es noch keine Musik-Reisen.

Deswegen wird in der vorliegenden Studie auf Grundlage einer Sekundär- und Primärforschung das Potential von Musik-Reisen auf dem deutschen Jugendreisemarkt untersucht und eine Musik-Reise für Jugendliche entwickelt.

**Inhalt**

## Abbildungsverzeichnis

# 1. Einleitung

Die Reiseintensität von Jugendlichen war 2008 mit 82,2% höher als die der Erwachsenen (Gleu und Kosmale, 2009, S. 23). Jugendliche aus Deutschland reisen also viel und gerne. Deshalb darf ihr touristisches Potenzial nicht unterschätzt werden. Der Trend bei Jugendreisen liegt unter anderem darin, „Bildung“ und „Spaß haben“ zu vereinen (Porwol, 2001, S. 128), und auch Themenreisen werden immer häufiger nachgefragt (Jugendreise-News, 2007).

„Jeder vierte Jugendliche macht Musik“ (SOMM e.V., 2012). Es wird davon ausgegangen, dass manche Jugendlichen bislang noch keine passende Gelegenheit gefunden haben, in einer Gruppe zu musizieren, während weitere einfach großen Spaß beim Musizieren mit anderen haben und eine persönliche Entwicklungschance darin sehen. Eine Musik-Reise würde hier eine Option darstellen. Musizieren ist eine Freizeitbeschäftigung, ebenso das Reisen. Deshalb sollte es in der Verknüpfung dieser zwei Hobbys eine große Chance geben.

## 1.1 Fragestellung und Zielsetzung der Arbeit

In der vorliegenden Studie zum Thema „Konzeptentwicklung einer Musik-Reise für den deutschen Jugendreisemarkt“ soll das Potenzial von Musik-Reisen unter Jugendlichen in Deutschland untersucht werden. Unter Musik-Reisen wird dabei eine Reise verstanden, bei der Jugendliche, die bereits ein Instrument spielen oder singen, während ihres Urlaubes gemeinsam musizieren. Es handelt sich um eine betreute Gruppenreise, wobei die Rahmenbedingungen des gemeinsamen Musizierens geschaffen werden. Es sollen Big Bands bzw. Orchester entstehen, Jamsessions und Konzerte veranstaltet werden. Mit Musik-Reisen sind hierbei keine Orchester- oder Bandfahrten gemeint, bei denen sich die Musiker schon lange vor der Reise als Gruppe zusammengefunden haben und auch nach der Reise nicht auseinandergehen.

Dementsprechend lautet die Frage: Besteht Interesse an Musik-Reisen von Seiten der Jugendlichen aus Deutschland? Und wenn ja, wie sollte eine solche Reise aussehen?

Dafür muss zunächst der bereits vorhandene Forschungsstand aufgezeigt, hinsichtlich dieses Schwerpunktes untersucht und schließlich mit den Ergebnissen aus der eigens durchgeführten Forschung ergänzt werden.

Das Ziel dieser Arbeit ist, ein Konzept für das Produkt Musik-Reise für Jugendliche zu entwickeln, welches auf dem deutschen Jugendreisemarkt Erfolg haben kann, da es auf den Wünschen und Einstellungen der Jugendlichen basiert. Dieses Konzept soll sowohl allgemeine Rahmenbedingungen der Musik-Reise beinhalten, wie beispielsweise die Länge, Destination und Betreuungsform der Reise, aber auch spezifische Inhalte, z. B. hinsichtlich der musikalischen Gestaltung sowie des Freizeitprogramms.

Auf eine Wettbewerbsanalyse wird in der Arbeit verzichtet, weil es derzeit keinen nennenswerten Wettbewerb gibt und der Schwerpunkt dieser Arbeit auf der Konzeptentwicklung der Musik-Reise liegt. Deswegen bleiben Ausführungen zu Markteintrittschancen bzw. -barrieren und der Positionierung ebenfalls aus.

Die Fragestellung ist wichtig, da eine Reise in dieser Art und Weise für Jugendliche derzeit noch nicht angeboten wird. Das Thema Musik wurde in den letzten Jahren von einigen wenigen Jugendreiseveranstaltern aufgegriffen, jedoch in anderer Form. Zum Zeitpunkt dieser Arbeit sind diese Reisen jedoch nicht mehr im Programm der jeweiligen Veranstalter. Für Reiseveranstalter könnte es von wirtschaftlichem, aber auch von Spezialisierungsinteresse sein zu wissen, ob ein solches Produkt von Jugendlichen nachgefragt wird. Außerdem besteht sicherlich auch ein wissenschaftliches Interesse, da speziell unter dieser Fragestellung noch nie geforscht wurde.

## 1.2 Aufbau der Arbeit

Diese Arbeit ist in acht Kapitel gegliedert. Nach einer Einleitung, die die zentrale Fragestellung, die Zielsetzung, den Aufbau und das methodische Vorgehen erläutert, folgt ein Kapitel zu den theoretischen Grundlagen im Bereich Jugendreisen. Um die Frage, ob Musik-Reisen unter Jugendlichen Potenzial haben, beantworten zu können, muss zunächst geklärt werden, wer Jugendliche sind. Zudem muss ihr Freizeitverhalten beleuchtet werden, um herauszufinden, welche Rolle das Musizieren hierbei spielt. Außerdem müssen die Begriffe „Jugendreisen“ und „Jugendtourismus“ definiert werden. Ein kurzer geschichtlicher Rückblick soll die Entwicklung des Jugendtourismus darstellen. Darauf folgt eine aktuelle Bestandsaufnahme des Jugendreiseveranstaltermarktes in Deutschland. Da es das Produkt Musik-Reise in seiner Form noch nicht gibt, folgen im nächsten Kapitel Anmerkungen zu Innovationen im Tourismus.

Der empirische Teil der Arbeit umfasst zunächst ein Kapitel, in dem drei Studien im Rahmen der Sekundärforschung erörtert werden. Das nächste Kapitel beschäftigt sich mit der eigenen Primärforschung. Zunächst werden die Methodik der Gruppendiskussion vorgestellt, das Untersuchungsdesign geschildert und die Ergebnisse analysiert. Die gleiche Herangehensweise gilt für die folgende Umfrage. Hier schließt sich ein Abschnitt zur Diskussion der Ergebnisse an.

Basierend auf den Ergebnissen der Literaturauswertung, der Sekundär- und Primärforschung wird im folgenden Kapitel das Konzept der Musik-Reise entwickelt. Anschließend folgt ein Zukunftsausblick mit möglichen Problemen und Chancen bei der Einführung dieser Reise.

## 1.3 Methodisches Vorgehen

Laut Koch (2004, S. 22) gibt es fünf Phasen einer Marktforschungsstudie. In der ersten Stufe, der Phase der Definition, wird das Ziel gesetzt, die zentrale Fragestellung definiert sowie der notwendige Informationsbedarf aufgelistet. Dies ist, wie bereits oben zu lesen war, zu Beginn der Arbeit geschehen. Informationsquellen liegen in der Sekundär- oder Primärforschung. Die Sekundärforschung ist „die Analyse und Auswertung von Daten, die bereits erhoben sind" (Koch, 2004, S. 57). Die Primärforschung eruiert noch nicht vorliegende Daten (Koch, 2004, S. 64). In der zweiten Phase des Designs wird geklärt, ob die fehlenden Informationen bereits in vorhandener Literatur zu finden sind oder ob eine Primärforschung durchgeführt werden muss. Wenn letzteres zutrifft, muss die Primärforschung hinsichtlich Auswahlverfahren und Erhebungsmethode geplant werden (Koch, 2004, S. 23). In der vorliegenden Studie wird zunächst einschlägige Literatur zum Thema Jugendreisen vorgestellt und im Rahmen der Sekundärforschung werden vorliegende Studien zum allgemeinen Reiseverhalten von Jugendlichen diskutiert. Da diese keine vollständigen Antworten auf die zentrale Fragestellung dieser Forschung enthalten, wird eine Primärforschung betrieben. Im Wesentlichen gibt es drei Erhebungsmethoden: die Befragung, die Beobachtung und das Experiment bzw. den Test (Koch, 2004, S. 64). In der vorliegenden Studie wird die Form der Befragung gewählt. Die Primärforschung setzt sich zusammen aus einem eher qualitativen und einem eher quantitativen Teil. Eine Gruppendiskussion unter Jugendlichen ist in erster Linie qualitativer Art. Diese gilt es in der Phase des Designs zu entwickeln. Die in der vorliegenden Studie durchgeführte schriftliche Befragung ist eher quantitativer Art.

Die dritte Phase ist die der Datengewinnung. In dieser Stufe wird die Primärforschung durchgeführt (Koch, 2004, S. 23). Die Gruppendiskussion erfolgt in Form der Online-Gruppendiskussion im Textchat des sozialen Netzwerkes „Facebook".

In der vorliegenden Bachelorarbeit schließt sich nach der dritten Phase erneut die zweite Phase an, da neu gewonnene Erkenntnisse aus der Gruppendiskussion in die Entwicklung des Fragebogens für die schriftliche Befragung einfließen. Der Fragebogen soll Fragen zum allgemeinen Reiseverhalten der Jugendlichen beinhalten sowie zu Vorlieben, Bedürfnissen und Ansprüchen an eine Musik-Reise. Die Frageformulierung ist eine Mischung aus offenen und geschlossenen Fragen. In der Phase der Datengewinnung wird die Umfrage unter Jugendlichen zwischen 14 und 17 Jahren, die ein Musikinstrument spielen oder singen, verwirklicht. Der standardisierte Fragebogen wird sowohl online als auch persönlich verteilt.

In der vierten Phase, der Datenanalyse, werden die Befunde erfasst und mit unterschiedlichen Programmen ausgewertet (Koch, 2004, S. 23). In der vorliegenden Studie findet die Auswertung mit SPSS statt. Verschiedene statistische Kennzahlen werden zur Beschreibung von Ergebnissen und Zusammenhängen benutzt.

Die letzte Phase ist die der Dokumentation, bei der die gewonnenen Ergebnisse mit dem gewünschten Informationsbedarf verglichen, Ergebnisse interpretiert und zuletzt schriftlich festgehalten werden (Koch, 2004, S. 23). Die Dokumentation der Befunde dieser Arbeit findet sich überwiegend im letzten Teil. Hier werden die Ergebnisse der Feldforschung zusammengefasst und darauf aufbauend das Konzept einer Musik-Reise ausgearbeitet.

## 2. Theoretische Grundlagen zum Thema Jugendreisen

Im Folgenden wird zunächst beschrieben, wie und warum im Tourismus Zielgruppen nach Lebensphasen definiert werden. Daraufhin werden die Begriffe Jugendliche, Jugendreisen und Jugendtourismus erläutert. Darüber hinaus werden das Freizeitverhalten von Jugendlichen sowie die Entwicklung des Jugendtourismus beschrieben. Zuletzt wird auf den derzeitigen Jugendreiseveranstaltermarkt in Deutschland eingegangen.

### 2.1 Lebensphasenorientierte Zielgruppendefinition

Laut Kirstges (1996, S. 200) bietet sich im Tourismus eine lebensphasenorientierte Marktsegmentierung an. Eine Lebensphase definiert sich durch Kriterien wie das Alter, den Familienstand und das Einkommen. Dementsprechend können elf Zielgruppen differenziert werden.

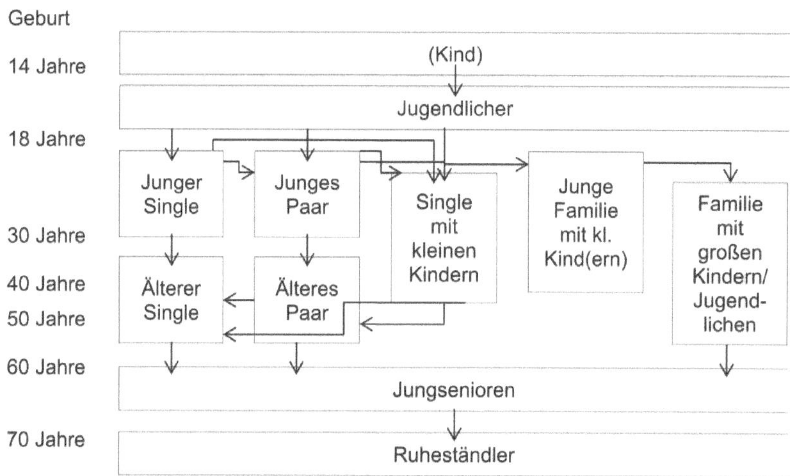


**Abbildung 1: Lebensphasenorientierte Zielgruppenbildung im Tourismus, in Anlehnung an Kirstges, 1992, S. 211**

Die Zielgruppe Kind ist dabei jedoch keine echte Zielgruppe, weil sie nicht wie die anderen als eigenes Marktsegment charakterisiert und somit auch nicht als solches behandelt werden kann.

Nach diesem Ansatz sind Jugendliche zwischen 14 und 17 Jahre alt, sie verfügen über kein eigenes Einkommen und befinden sich in schulischer oder beruflicher Ausbildung. Meistens leben sie zusammen mit ihren Eltern, die zwischen 35 und 55 Jahre alt sind.

Vorteil einer solchen Zielgruppenbildung ist beispielsweise, dass hierbei das „soziale Alter" (Kirstges, 1996, S. 213) in Betracht gezogen wird. Das soziale Alter spricht einer Zielgruppe für die Lebensphase typische Charakteristika zu. Ein weiterer Vorteil ist, dass Rückschlüsse auf die Reisepartner der Person aus einer spezifischen lebensphasenorientierten Zielgruppe geschlossen werden können. In diesem Zusammenhang können Reiseveranstalter zudem für die Zielgruppe charakteristische Bedürfnisse und Erwartungen an eine Reise erkennen. Die Anforderungen beziehen sich hierbei auf das allgemeine Reiseverhalten, Alleinstellungsmerkmale des Urlaubs, Vorlieben beim Zielgebiet, der Unterkunft und dem Verkehrsmittel sowie Aspekte des Rahmenprogramms und der sonstigen Aktivitäten (Kirstges, 1996, S. 210-216).

## 2.2 Jugendliche und ihr Freizeitverhalten

Es gibt verschiedene Ansätze, die den Terminus „Jugendliche" definieren. Ferchhoff und Neubauer (1997, S. 109 ff.) beziehen sich sowohl auf einen biographischen als auch auf einen entwicklungspsychologischen Ansatz. Dem entwicklungspsychologischen Ansatz zufolge ist die Jugend der Zeitabschnitt, in dem der Mensch sich vom Kind zum Erwachsenen entwickelt. Aus biographischer Sicht beschreibt die Jugend jenen Lebensabschnitt, der sich von der Kindheit bis zum Erwachsensein erstreckt. Letzterem stimmt auch Gehlen zu, der unter Jugendalter ein „anthropogenes und sozialkulturelles Phänomen [versteht, welches] die

Phase zwischen Kindheit und Erwachsensein [beschreibt]“ (Gehlen, 1998, S. 843). Im rechtlichen Sinne sind alle Personen Jugendliche, bis sie ihre Volljährigkeit erreichen. Bei der Jugendförderung hingegen liegt die Altersgrenze bei 26 Jahren (Kosmale u. a., 2001, S. 5). Zu erkennen ist, dass auch das Alter als ein Mittel zur Abgrenzung des Begriffes Jugendliche herangezogen werden kann. Altersmäßig zählen zu Jugendlichen laut Bähre (zitiert in Buck, 2012, S. 26) Personen ab 14 Jahren, die obere Altersgrenze setzt sie bei 30 Jahren. Gleichzeitig charakterisiert sie, wie schon Ferchhoff und Neubauer, Jugendliche mit dem entwicklungspsychologischen Ansatz. Ferner bedient sie sich einer weiteren Herangehensweise, indem sie die Lebensphase der Jugendlichen mit ihren charakteristischen Eigenschaften definiert, sodass die Lebensphase der Jugendlichen unabhängig vom wirklichen Alter ist. Eine weitere Möglichkeit, die Abgrenzung der Jugendphase festzulegen, ist die Pubertät als Eintritt in das Jugendalter und die finanzielle Unabhängigkeit als Anfang des Erwachsenseins (Porwol, 2001, S. 53). Im Marketing wird der Jugendbegriff genutzt, um einen Lebensstil, dem Menschen unterschiedlichen Alters angehören können, auszudrücken (Porwol, 2001, S. 50).

Der Begriff Jugendliche ist einem stetigen Wandel unterzogen. Während sich die Jugend an sich, d.h. ihr Innenleben, wie z. B. ihre Unsicherheit und Identitätssuche bedingt durch die Pubertät, seit den letzten 50 Jahren nicht verändert hat, haben sich die äußeren Rahmenbedingungen, in denen die Jugendlichen leben, jedoch verändert (Dammler, 2012, S. 65). Somit werden sich auch in Zukunft die Definitionen anpassen müssen. Schon jetzt beginnt die Lebensphase der Jugendlichen aufgrund des früheren Eintrittszeitpunkts der Pubertät zeitiger (bei Mädchen durchschnittlich mit 11,5 Jahren, bei Jungen mit 12,5 Jahren). Was sich durch die Einführung von G8, Abitur nach zwölf statt 13 Jahren, und Ganztagsunterricht verändert, wird sich in naher Zukunft zeigen (Oehler u. a., 2012, S. 102).

Was die jugendliche Lebensphase jedoch charakterisiert, ist, dass sie für alle Jugendlichen schwierig ist. Dies ist zurückzuführen auf den die Pubertät auslösenden Hormonhaushalt, stetig wechselnde Gefühle, die

Veränderung des eigenen Körpers, die Beschäftigung mit seinem Selbst- und Fremdbild und auch die ständige Ausrichtung an der Peergroup, eine Gruppe Gleichaltriger. Junge Menschen in dieser Phase haben beispielsweise das Bedürfnis, aus Gewohnheiten auszubrechen und ihre Freiheit zu genießen. Sie möchten anerkannt werden, Teil einer Gemeinschaft sein und sich von den Erwachsenen absetzen. Es gibt derzeitig vier Jugendtrends. Zum einen ist (1) die Jugendkultur zu einer Kultur geworden, die sich durch Freizeit auszeichnet. (2) Die Gruppe der Gleichaltrigen wird immer wichtiger ebenso (3) der Austausch, vor allem über soziale Medien. Der letzte Trend (4) ist der einer Sampling-Gesellschaft, was bedeutet, dass Jugendliche ihr Leben aus verschiedenen, oft unterschiedlichen Teilen, zusammenbasteln, sodass es nicht mehr den einen typischen Lebensstil gibt (Prager, 2012, S. 57 ff.).

In der vorliegenden Studie werden unter dem Begriff Jugendliche Personen zwischen 14 und 17 Jahren verstanden. Diese Altersgruppe bezeichnet laut „iconkids & youth" die Kernjugend (iconkids & youth zitiert in Dammler, 2012, S. 67). Die *Tourismusanalyse 2012* der „Stiftung für Zukunftsfragen" nimmt eine auf den verschiedenen Lebensphasen basierende Gruppierung vor. Dabei sind Jugendliche der Anteil der Bevölkerung, der zwischen 14 und 17 Jahre alt ist (Reinhardt, 2012). Diese Unterteilung übernimmt ebenso die *Reiseanalyse 2009* (Aderhold, 2009).

Ende 2011 gab es in Deutschland 3.207.185 Jugendliche. Diese nahmen einen Anteil von 3,9% der damaligen Gesamtbevölkerung ein (Statistisches Bundesamt, 2013).

Jugendliche verbringen ihre Freizeit mit ganz unterschiedlichen Aktivitäten. Heutzutage gibt es ein breites Angebot an Freizeitaktivitäten und die Wahlmöglichkeiten für Jugendliche sind groß. Diese reichliche Auswahl ist ein modernes Phänomen, welches von den Jugendlichen sehr geschätzt wird (Albert u. a., 2010, S. 80).

Laut der *JIM-Studie 2011*, bei der ca. sieben Millionen Jugendliche zwischen zwölf und 19 Jahren in Telefon-Haushalten Deutschlands zum Thema Medienumgang befragt wurden, ist unter den non-medialen Freizeitaktivitäten Jugendlicher „sich mit Freunden/Leuten treffen“ die Beliebteste. 82% der Mädchen und 85% der Jungen tun dies täglich bzw. mehrmals pro Woche. 65% der Mädchen und 78% der Jungen treiben Sport in ihrer Freizeit, gefolgt von „Ausruhen, nichts tun“ mit 67% der sowohl weiblichen als auch männlichen Jugend. Die Freizeitaktivität „selbst Musik machen“ liegt an vierter Stelle. Unter diesem Terminus wird das Spielen eines Instruments, aber auch die Mitwirkung in einem Chor gefasst. 24% der Mädchen und 25% der Jungen machen täglich oder mehrmals pro Woche selber Musik. Dieser Betrag hat seit 2005 deutlich zugenommen. Auffallend ist, dass der Anteil der musizierenden Jungen und Mädchen fast gleich ist. Die Studie hat jedoch auch festgestellt, dass mit zunehmendem Alter das eigene musikalische Engagement abnimmt (Ebert u. a., 2011, S. 7 f.).

Die Studie *Survey Jugend 2011 Baden-Württemberg* erfasste unter anderem Daten zum Themenfeld Freizeit von Jugendlichen im Alter von zwölf und 18 Jahren. Es ist anzumerken, dass lediglich Jugendliche aus Baden-Württemberg befragt wurden, sodass folgende Ergebnisse nicht auf die gesamte Jugend aus Deutschland zu übertragen sind. Der Anteil der Jugendlichen, die mehrmals pro Woche ein Instrument spielen oder Musik machen, liegt hier ebenfalls bei 25%. 11% der befragten Jugendlichen machen einmal wöchentlich Musik, 9% einmal bis zweimal im Monat. Es wurde festgestellt, dass diese Freizeitaktivität hauptsächlich von Gymnasiasten ausgeübt wird. Bei der Geschlechterverteilung lässt sich folgender Unterschied zur *JIM-Studie 2011* erkennen: Während bei der *JIM-Studie 2011* fast gleich viele Jungen und Mädchen musizieren, machen laut der Ergebnisse der *Survey Jugend 2011 Baden-Württemberg* mehr Mädchen (50%) als Jungen (41%) Musik oder spielen ein Instrument (Gütersloh und u.a., 2011S. 36 ff.).

Zuletzt sollen die Ergebnisse des *Freizeit Monitors* in Betracht gezogen werden. Die im Auftrag der Stiftung für Zukunftsfragen durchgeführte Forschung befragte im Jahre 2010 ca. 64,35 Millionen Personen ab 14 Jahren. Die Ergebnisse werden gegliedert nach Lebensphasen dargestellt, eine dieser Lebensphasen beschreibt Jugendliche zwischen 14 und 17 Jahren. Die beliebteste Freizeitaktivität der Jugendlichen ist laut dieser Studie „Fernsehen". 98% der Jugendlichen schauen wenigstens einmal pro Woche fern. Es folgt das Telefonieren von zu Hause aus mit 95% der befragten Jugendliche, die dies mindestens einmal pro Woche tun. CDs/MP3s hören 89% der Jugendlichen mindestens einmal pro Woche. 33% der befragten Jugendlichen zwischen 14 und 17 Jahren machen mindestens einmal pro Monat Musik. Dieser Wert liegt höher als bei den vorangehenden Studien. Dies lässt sich dadurch erklären, dass in dieser Studie danach gefragt wurde, wer mindestens einmal pro Monat Musik macht, während bei den anderen Studien das Ergebnis der Jugendlichen angegeben wurde, die mindestens mehrmals pro Woche musizieren. Außerdem wurden beim *Freizeit Monitor* nur Jugendliche bis 17 Jahren befragt. Das Musizieren nimmt, wie bereist beschrieben, mit zunehmenden Alter ab (o. V., 2011, S. 29 f., 50, 86).

Die Peergroup hat eine hohe Bedeutung für Jugendliche. 71% der Jugendlichen sind in solch einer Clique (Albert u. a., 2010, S. 83). Zu den wichtigsten Freizeitinteressen Jugendlicher zählt das Reisen (Schmidt, 1997, S. 220). 93% der befragten Jugendlichen Baden Württembergs möchten ihre Ferien mit Freunden verbringen (Gütersloh und u.a., 2011, S. 14).

Es ist zu erkennen, dass die beliebtesten Freizeitaktivitäten teilweise voneinander abweichen. Dies liegt vor allem daran, dass die Fragen unterschiedlich gestellt wurden und Auswahlmöglichkeiten teils anders formuliert oder gar nicht aufgelistet waren. Ferner wurden bei der *JIM-Studie 2011* nur die non-medialen Freizeitbeschäftigungen betrachtet. Es bleibt aber festzuhalten, dass jeder vierte Jugendliche in seiner Freizeit Musik macht, womit es viele Jugendliche gibt, die Interesse an einer Musik-Reise haben könnten. Außerdem sind die Freizeitaktivitäten gegebenenfalls wichtig für die Gestaltung des Freizeitprogramms auf der Musik-Reise.

## 2.3 Jugendreisen

Der Begriff Jugendreisen scheint selbsterklärend: Reisen für Jugendliche. Jedoch dürfen hier weitere Dimensionen nicht außer Acht gelassen werden. Porwol definiert Jugendreisen als „Reisen für Jugendliche im Alter von zwölf bis 18 Jahren [...], die mit Betreuung, also in Begleitung von geschulten Betreuern erfolgen“ (Porwol, 2001, S. 12). Ähnlicher Auffassung sind auch Teichert und Gehlen. Ihnen zufolge sind Jugendreisen Reisen von Personen zwischen 14 und Anfang/Mitte 20, die sie ohne ihre Eltern antreten (Teichert und Gehlen, 1998, S. 277).

Des Weiteren beinhalten Jugendreisen immer einen pädagogischen Aspekt und haben Lerneffekte verschiedener Art, womit sie im Zusammenhang mit Bildung stehen. Darüber sind sich sowohl Jugendarbeit, Freizeitpädagogik und Tourismuskritik einig, alles Akteure im Sektor der Jugendreisen. Früher gehörten Jugendreisen alleine zur Jugendarbeit, bis heute haben sie sich jedoch zu einem eigenständigen Segment etabliert (Porwol, 2001, S. 61). Jugendreisen kennzeichnen sich zudem aus durch die Unerfahrenheit der Teilnehmer, durch die besondere Verantwortung der Reiseleiter sowie durch die Gruppendynamik innerhalb der verreisenden Gruppe. Charakteristisch sind zudem die Ziele der Reise und der Wunsch der Jugendlichen, unter Gleichaltrigen zu sein (Gauf und Gauf, 2012, S. 301).

Die Besonderheit von Jugendreisen ist Folgende: Da die meisten Kunden von Jugendreisen noch nicht volljährig sind und somit auch nicht geschäftsfähig, müssen die Eltern der Jugendlichen der Reise zustimmen. Die Eltern werden zum Vertragspartner (Porwol, 2001, S. 51). Sie spielen auch insofern eine Rolle, als sich Reisewünsche von Jugendlichen oftmals von vergangenen Urlauben mit den Eltern ableiten lassen (Dettmer u. a., 2000, S. 80). Letztlich sind sie auch meistens diejenigen, die die Reise bezahlen, womit sie grundlegend zur Reiseentscheidung beitragen (Buck, 2012, S. 29). Die Herausforderung, der sich Jugendreiseveranstalter demzufolge stellen, ist, sowohl die Wünsche der Eltern nach Sicherheit als auch die der Jugendlichen nach Spaß zu erfüllen (Porwol, 2001, S. 231).

Es gibt unterschiedliche Arten von Jugendreisen, die einhergehen mit verschiedenen Anbietern, wie z. B. Reisen von gemeinnützigen Trägern der Jugendhilfe oder internationale Jugendbegegnungen (Gehlen, 1998, S. 844). Diese spielen eine wesentliche Rolle in der Entwicklung des Jugendtourismus, die im folgenden Kapitel thematisiert wird. Auf weitere Definitionen und Unterschiede diesbezüglich soll jedoch verzichtet werden, da die hier zu entwickelnde Reise nicht in diesen nicht-kommerziellen Bereich fällt.

## 2.4 Entwicklung des Jugendtourismus

Bevor auf die Entwicklung des Jugendtourismus eingegangen werden soll, wird der Begriff „Jugendtourismus" definiert.

Der Begriff des Jugendtourismus wurde erstmals in den 1950er Jahren benutzt. Eine eindeutige Definition auf Grundlage des Alters, der Organisationsform, der Veranstalter, des Inhaltes der Reise oder der angestrebten Lernziele ist nicht möglich (Hahn und Kagelmann, 1993, S. 379). Wie schon oben erläutert, ist der Begriff Jugend sehr vielseitig, womit der Jugendtourismus gleichermaßen verschieden ist.

Laut Opaschowski umfasst der Jugendtourismus

> „alle die Aktionen und Beziehungen, die sich aus den Reisen ausschließlich junger Leute ergeben, [...] [und die] im Stile der Erwachsenen auf die Befriedigung individueller Lebens-, Luxus- und Kulturbedürfnisse gerichtet sind" (Opaschowski zitiert in Oberste-Lehn, 1997, S. 184) (Opaschowski zitiert in Gayler, 1993, S. 378).

Großmann definiert diese Bedürfnisse genauer. Ihr zufolge befriedigt Jugendtourismus jugendliche Bedürfnisse nach Bewegung, Abenteuer, Unternehmungen, sozialen Interaktionen mit Gleichaltrigen und Freiheit (Großmann zitiert in Oberste-Lehn, 1997, S. 184). Diese Definitionen müssen mit dem Aspekt, dass Jugendtourismus immer ohne die Begleitung von Erziehungsberechtigten stattfindet, ergänzt werden (Kosmale u. a., 2001, S. 5). Stattdessen erfolgt eine Jugendreise in Gesellschaft der Gleichaltrigen (Gehlen, 1998, S. 843).

Bei Jugendtourismus kann zwischen individuellem und organisiertem Jugendtourismus unterschieden werden (Miglbauer, 2007, S. 9). Da in der vorliegenden Studie ein Reiseprodukt innerhalb des organisierten Jugendtourismus entwickelt werden soll, wird im Folgenden nur diese Form näher betrachtet.

Die Geschichte der Jugendreisen beginnt in den 1940er Jahren. Nach dem zweiten Weltkrieg werden Jugendherbergen wiederaufgebaut, womit ein Netz an Unterkünften für den jugendlichen Tourist innerhalb Deutschlands entsteht. Die wachsende Anzahl der Jugendherbergen führt dazu, dass erste Reisen von einzelnen jugendlichen Wanderern und auch Gruppen stattfinden. Gleichzeitig fangen Landesverbände wieder an zu arbeiten (Gehlen, 1998, S. 849). Durch die Arbeit von örtlichen Jugend- und Wohlfahrtverbänden wächst die Zahl der Ferienfreizeiten (Oberste-Lehn, 1997, S. 172). Diese arbeiten in gemeinnützigem Sinne, also nicht auf kommerzieller Art. In der Zeit zwischen 1949 und 1959 werden 30 Jugendferienwerke gegründet, die sich aus Jugendverbandsarbeit entwickelt haben. Ihre Angebote belaufen sich auf mehrwöchige Ferienfreizeiten im Inland, hauptsächlich im Schwarzwald, Allgäu und an der Nord- und Ostsee. Zu dieser Zeit wird der Erfolg einer Jugendreise an der Gewichtszunahme der Teilnehmer gemessen. Nach den Kriegsjahren steht die körperliche Stärkung der Jugendlichen im Mittelpunkt (Gehlen, 1998, S. 845). Bei den angebotenen Reisen geht es um „Gruppenaktivitäten, Erholungshilfen, Gemeinschaftserlebnisse zu bezahlbaren Preisen“ (Gehlen, 1998, S. 845). Oft werden diese Reisen kommunal oder staatlich finanziell gefördert.

In den 1960er Jahren wächst die Zahl der verreisenden Kinder und Jugendlichen deutlich. Während 1962 23.500 Kinder bis zu 17 Jahren mit den größten elf Jugendreisediensten verreisten, waren es 1964 schon 30.000 (Gehlen, 1998, S. 846). Jugendliche beginnen, sich für das Ausland zu interessieren und fragen Auslandsbegegnungen nach. Dieses Bedürfnis basiert auf der Neugierde auf einstige Kriegsgegner und dem Wunsch „nach Verständigung und Aussöhnung" (Gehlen, 1998, S. 846). Jugendliche beschäftigen sich zudem mit Gesellschaftsstrukturen und stellen diese in Frage. „Ende der 60er Jahre spitzen sich die Auseinandersetzungen um das demokratische Se[l]bstverständnis durch die Studentenbewegung [...] zu" (Oberste-Lehn, 1997, S. 174), was als erste jugendkulturelle Bewegung bezeichnet wird. Die 1960er Jahre sind die „Blütezeit des Jugendtourismus" (Oberste-Lehn, 1997, S. 174). Als Folge dieser ersten jugendkulturellen Bewegung sollen Jugendliche in den Mittelpunkt der Jugendreiseaktivitäten rücken (Porwol, 2001, S. 25). In dieser Zeit machen zudem empirische Beobachtungsstudien auf den Jugendtourismus aufmerksam. Eine davon ist die *Catania-Studie*, erschienen 1962, in der der Psychologe Helmut Kentler Feriencamps auf Sizilien untersucht. Seine zentralen Ergebnisse sind hierbei, dass der Jugendtourismus eine Form der außerschulische Jugendbildung ist und ganz bestimmte Jugendliche daran teilnehmen (Prager, 2012, S. 54). Diese Studie empört die Öffentlichkeit, da Kentlers Ergebnisse außerdem zeigen, dass Jugendliche „ihre Vorstellungen von erwachsenen Urlaubsleben auch auf sexuellem Gebiet verwirklichen wollen" (Gehlen, 1998, S. 847). Sie legt den Startschuss zu weiteren theoretischen Auseinandersetzungen mit der Erscheinung Jugendreisen (Gehlen, 1998, S. 847). Der Zeitraum von Mitte der 1960er bis Anfang der 1970er gilt als „Theoriehochphase des bundesdeutschen Jugendtourismus" (Müller, 2012, S. 195). Die erste umfassende empirische Untersuchung veröffentlichte Helmut Kentler 1967. Daraus entwickelt sich der Theorieansatz der „Pädagogik des Jugendreisens" von Giesecke, Keil und Perle, die die Jugendreise aus einer pädagogischen Sichtweise betrachten (Gehlen, 1998, S. 847).

In den 1970er Jahren verändert sich die Funktion des Reiseleiters. Während dieser vorher vor allem eine belehrende und betreuende Rolle einnahm und ein Ehrenamt war, liegt seine Hauptaufgabe nun im Bereich des Service. Jugendreisen werden teilweise sogar ausschließlich als

Dienstleistung angesehen (Gehlen, 1998, S. 849). Die Amtsübernahme der SPD in Deutschland 1972 führt insofern zu Veränderungen im Jugendtourismus, als die gemeinnützigen Institutionen vom Staat stark finanziell gefördert werden (Müller, 1997, S. 93). Politische Inhalte prägen den Jugendtourismus (Dettmer u. a., 2000, S. 77). Des Weiteren führen gesellschaftliche Reformen in den 1970er Jahren vorerst zu einem Ende der pädagogischen Diskussion im Jugendtourismus und lassen Raum für Themen wie antiautoritäres Lernen und Emanzipation (Gehlen, 1998, S. 849).

Zu Beginn der 1980er Jahre sinkt die Bedeutung der Angebote von großen gemeinnützigen Jugendreiseveranstaltern. „Fahr mit", einer der wichtigsten Jugendreiseveranstalter seiner Zeit, meldet Konkurs an, andere Veranstalter folgen. Öffentliche Fördermittel werden weniger und die Angebote entsprechen nicht mehr den Bedürfnissen der Jugendlichen (Gehlen, 1998, S. 849). Als Ursachen dieser Entwicklung gelten „fehlende jugendgerechte Präsentationsformen, eine inhaltliche Überfrachtung der Reisen und veraltete Vertriebswege, die die Zielgruppe nur schwer erreichen" (Gehlen, 1998, S. 849). Als Folgen sind abnehmende Buchungszahlen und die Verschuldung von Reisediensten zu verzeichnen. Gleichzeitig erfolgt die Gründung von kleinen, kommerziellen Spezialveranstaltern mit unterschiedlichen Schwerpunkten, wie beispielsweise Sport- oder Aktivurlaube, die mit ihrem Angebot die Marktlücken bedienen (Gehlen, 1998, S. 849). Dies ist der Zeitpunkt, an dem die Kommerzialisierung von Jugendreisen beginnt. Die Tourismusbranche erkennt das wirtschaftliche Potential dieses Sektors, weshalb viele neue kommerzielle Jugendreiseveranstalter entstehen (Oberste-Lehn, 1997, S. 176). 1986 wird der Verband „Reisenetz" als „unabhängige Jugendreise- und Begegnungsorganisation" (Gehlen, 1998, S. 849) gegründet, dem all diese kleinen Veranstalter angehören. Bis heute sind diesem Verband fast 90 Jugendreiseveranstalter und andere Akteure im Jugendtourismus beigetreten (Reisenetz, 2012). Durch die Veränderung der Angebotsseite von Jugendreisen und die zu erwartende Abnahme des Anteils der Jugendlichen an der Bevölkerung konkurrieren Veranstalter stärker untereinander (Gehlen, 1998, S. 850). Vor der Kommerzialisierung waren andere Verbände die einzigen Konkurrenten für den jeweiligen Jugendreiseveranstalter. Jetzt ist die Zahl der Wettbewerber durch den Eintritt neuer Veranstalter gestiegen (Klein, 2012, S. 230). Durch dieses Konkurrenzverhalten werden die Urlaubsbedürfnisse der Jugendlichen in den Augen der Veranstalter immer wichtiger. Diese Neuorientierung und damit einhergehende Weiterentwicklung und Umsetzung in der Praxis wird als zweite jugendtouristische Bewegung bezeichnet (Gehlen, 1998, S. 850).

Mit der Öffnung der innerdeutschen Grenze 1989 wächst die Zahl der jugendlichen Reisenden plötzlich und schnell an (Gehlen, 1998, S. 850). Die 1990er Jahre sind geprägt von vielfältigen Reiseangeboten. Es gibt konfessionelle Reisedienste, Jugendverbände und Ferienwerke. Veranstalter stellen sich der Herausforderung der geringer gewordenen Fördermöglichkeiten, da sowohl beim Bund als auch bei Ländern eingespart wird. Bei der Angebotsplanung von Jugendreisen sind die Reiseabsichten, Ansprüche und Erwartungen der Jugendlichen ausschlaggebend (Gehlen, 1998, S. 851). Verbände werden immer weniger und 1996 wird das Arbeitsfeld Kinder- und Jugendreisen von der Kinder- und Jugendhilfe in die Tourismusindustrie verlagert (Müller, 2012, S. 196).

Während die Wirtschaft das Potential von Jugendtourismus früher noch nicht erkannt hat (Dettmer u. a., 2000, S. 86), wird der Jugendtourismus heute als ein „bedeutendes touristisches Segment mit enormen wirtschaftlichen Entwicklungspotenzialen“ (Hedorfer, 2012, S. 12) bezeichnet. Dies zeigt ein Jahresumsatz von zwölf Milliarden Euro. Jedoch wird prognostiziert, dass die Anzahl der 14- bis 40-jährigen Reisenden von 2002 mit fast 18 Millionen auf nur noch 15 Millionen in 2030 sinken wird (Buck, 2012, S. 26). Dies hängt nicht zuletzt mit dem demografischen Wandel zusammen. Vor dem prognostizierten Absinken der Jugendreisen sieht die „World Tourism Organisation“ hingegen hinsichtlich grenzüberschreitender Jugendreisen noch einen Anstieg: Im Jahr 2020 werden ihnen zufolge 300 Millionen grenzüberschreitende Jugendreisen stattfinden (UNWTO, 2011, S. 6). Trends innerhalb des Jugendtourismus werden in Richtung Themenreisen mit Schwerpunkten in den Bereichen Sport, Entertainment und Wissens-Welten gehen. Es wird also vielfältige Angebote geben, meist auch in fernere Destinationen. Camps und Bungalow-Anlagen werden weiterhin feste Bestandteile sein. Ein anderer Trend ist mit Blick auf die Urlaubslänge zu erkennen: Jugendreisen werden kürzer. Diese Entwicklung widerspricht jedoch dem Grundgedanken von Jugendreisen, gruppendynamische Effekte zu erzielen, da dies drei Wochen braucht (Korbus, 2012, S. 83).

Die Frage bleibt offen, ob Veranstalter rechtzeitig die Nachfragetrends der Jugendlichen erkennen, um somit zielgruppengerechte Produkte anbieten zu können und ob diese erfolgreich sein werden (Buck, 2012, S. 27). Außerdem wird das Problem der Saisonalität, die sich bei Jugendreisen auf die Ferienzeiten und hierbei insbesondere auf die Sommerferien konzentriert, bestehen bleiben (Büchy, 2012, S. 365).

Die derzeitige Struktur der Veranstalter von Jugendreisen und deren Angebote sollen im Folgenden skizziert werden.

## 2.5 Jugendreiseveranstaltermarkt

Im Jugendreisemarkt finden sich vor allem Klein- und Kleinstveranstalter wieder (Porwol, 2001, S. 61). Jugendreiseveranstalter sind im Tourismussektor Spezialveranstalter. Sie bedienen die Zielgruppe der zwölf bis 20-jährigen (Teichert, 1997, S. 254). Jugendreiseveranstalter haben das Problem, dass die Reisezeit an die Schulferien gekoppelt ist. Zu dieser Zeit muss der Reiseveranstalter mit hohen Preisen der Hauptsaison rechnen (Porwol, 2012, S. 282). Früher war der Jugendreisemarkt ein eher unbeachtetes Segment. Jugendreisen als „Einsteigerprodukt in den „Erwachsenen-Tourismus““ (Teichert, 1997, S. 254) sind derzeit ein wesentlicher Teil der Tourismuswirtschaft (Teichert, 1997, S. 254). Der Jugendreisemarkt hat sich auf der Nachfrageseite stets parallel zum gesamten Reisemarkt entwickelt (Gleu und Kosmale, 2009, S. 39).

Im Jahre 2008 gab es bei regional und bundesweit tätigen deutschen Veranstaltern unter den Jugendreisen 24.600 Sprachreisen, gut 15.200 Sport- und Abenteuerreisen und knapp 250 Workcamps. Im gleichen Jahr gab es für die 16-, 17- und 18-jährigen mit über 55.000 Angeboten am meisten Möglichkeiten zu verreisen. Die höchste Zahl von Angeboten gab es im Bundesland Nordrhein-Westfalen (Gleu und Kosmale, 2009, S. 57 ff.).

Mit Blick in die Zukunft wird es für Anbieter von Jugendreisen schwerer werden, erfolgreich zu sein, da durch den demografischen Wandel die Zahl der Jugendlichen nicht mehr wächst. Um erfolgreich zu bleiben, muss der Jugendreiseveranstalter die Jugendlichen beobachten und sie und die neuesten Trends in den Fokus des Angebots stellen. „Der Jugendreiseveranstalter von „morgen“ holt die Kids da ab, wo sie sind – mit allen modernen Web-2.0-Techniken“ (Prager, 2012, S. 61). Bei der Kommerzialisierung dürfen pädagogische Ziele bei Jugendreisen nicht vergessen werden (Oberste-Lehn, 1997, S. 184).

Der „Megatrend Bildung“, der sich vor allem im Schulsystem zeigt, verändert zudem das Freizeitverhalten der Jugendlichen und somit auch die Ansprüche an Jugendreisen (Kosakowski, 2012, S. 432 f.). Schon bis zum Jahre 2008 hat der Anteil der Reisen mit Bildungsangeboten zugenommen (Gleu und Kosmale, 2009, S. 67). Laut Kosakowski (2012, S. 434) stellen Sprachreisen nur den Anfang dar. Statt des Urlaubes mit Lerneffekten sieht er Reisen als Lernprozess.

Die typische Jugendreise ist 14 Tage lang, das Transportmittel ist der Reisebus und in einem von drei Fällen wird eine Destination innerhalb Deutschlands besucht. Weiterhin ist das europäische Ausland, vor allem Spanien und Frankreich, beliebt (Peters, 2012, S. 262).

Jugendliche sind ein wertvoller Zukunftsmarkt. Sie zeichnen sich heutzutage durch Qualitäts- und Selbstbewusstsein aus. Um Jugendliche längerfristig an einen Jugendreiseveranstalter zu binden, muss dieser versuchen, ihnen Extras neben den üblichen Leistungen einer Jugendreise zu liefern. Sie müssen sich bemühen, ihnen auch die Kultur, Gastregion und die Umgebung näherzubringen (Kubisch und Richter, 2012, S. 157). Der größte Reiseveranstalter für Jugendreisen ist derzeit Ruf Jugendreisen.

An dieser Stelle soll die Angebotsseite des Jugendreiseveranstaltermarktes hinsichtlich Reisen mit dem Thema Musik betrachtet werden. Das Thema des Musizierens wurde bei der Produktgestaltung des Reiseveranstalters Ruf Jugendreisen in der Reiseform des Bandcamps in den Jahren 2011 und 2012 aufgenommen. Diese Reise führte 2011 nach Italien, Lido di Ostia, 2012 nach Rügen. In Italien war die Altersgruppe die 14- bis 17- jährigen, in Deutschland war das Angebot konzipiert für Jugendliche zwischen zwölf und 16 Jahren. Das Bandcamp sollte junge Musiker ansprechen, die entweder in einer Band spielen oder Solokünstler sind. Sängerinnen und Sänger gehörten ebenfalls zur Zielgruppe. Auf der einen Seite sollten schon geformte Bands neuen Input bekommen, andererseits wurde darauf abgezielt, dass sich einzelne Musiker zu einer Band zusammen fügen. Ruf konnte YAMAHA als Sponsor gewinnen, sodass die Instrumente gestellt wurden. Dies bot Teilnehmern die Gelegenheit, neue Instrumente auszuprobieren. Auf der Jugendfreizeit gab es Workshops verschiedener Art, bei denen die Jugendlichen sich musikalisch weiterentwickeln konnten. Folgende Workshops standen zur Wahl: „Sound Lab“ als Einführung in die Improvisation, „Songwriting“, „Performance Training und Abschlusskonzert“, „Discover Your Groove“ mit Rhythmusübungen, „Bandcoaching“, „Jamsessions“ und „Basic Musicianship“. Zusätzlich verfügte die Destination über einen Proberaum, der individuell von den Jugendlichen genutzt werden konnte und in welchem das Bandcoaching stattfand. Am Ende der Reise wurde ein Abschlusskonzert veranstaltet. Das Bandcamp war kein eigenständiges Camp, sondern Zusatzangebot eines anderen Camps. In Italien war das der Countryclub, auf Rügen das sogenannte Festivalcamp. Bandcampteilnehmer hatten somit zusätzlich die Möglichkeit, an anderen Angeboten teilzunehmen (Rose u. a., 2013) (Product Manager, 2012).

Das Bandcamp wird in diesem Jahr von Ruf nicht mehr angeboten.

Es ist wichtig festzuhalten, dass diese Jugendreise nur Musiker ansprach, die ein Bandinstrument (Gitarre, Schlagzeug, Bass etc.) spielen oder singen. Das Konzept war ganzheitlich auf typische Bands ausgerichtet, worunter die Zusammensetzung von Rhythmusinstrumenten und Stimme verstanden wird. Dies spiegelt sich vor allem in dem Angebot der Workshops wider. Laut Aussage des Bandcampbeauftragten des Bandcamps auf Rügen bildeten die Bandcoachings das Rückgrat der Reise. Ein zweiter sehr wichtiger Aspekt ist das Motto „Alles kann, nichts muss", unter dem diese Reise stand. Alles erfolgte auf freiwilliger Basis, Jugendliche sollten individuell und flexibel entscheiden, bei welchen Angeboten sie teilnahmen (Product Manager, 2012).

Auf dem deutschen Jugendreisemarkt hat sich ein weiterer Jugendreiseveranstalter mit dem Thema Musik auf Jugendreisen auseinandergesetzt. Im Gegensatz zu Ruf als großer, kommerzieller Jugendreiseveranstalter gilt das Landesjugendwerk der Arbeiterwohlfahrt (AWO) Saarland als gemeinnütziger Veranstalter. Dieses hatte im Sommer 2012 das Musikcamp „Classic goes Rock" im Angebot. Diese thematische Jugendreise richtete sich an Jugendliche zwischen 13 und 16 Jahren, die Interesse an Musik haben und ein Instrument spielen oder singen. Instrumente mussten hierbei selber mitgebracht werden. Freizeitaktivitäten neben dem Musizieren hatten auch den Bezug zur Musik, wie z. B. das Bauen von Instrumenten aus Alltagsgegenständen oder der Ausflug zum Radiosender BIG FM. Die klassischen Ferienfreizeitaktivitäten wurden ebenfalls angeboten. Eine wesentliche Rolle bei der Gestaltung dieser Reise spielte die „Fun Music School", die für die Proben verantwortlich war. Auch auf dieser Reise wurde ein Abschlusskonzert veranstaltet. Außerdem bot die Musikschule Workshops an. Die Reise dauerte zwölf Tage (A., 2013).

Eine ähnliche Reise, also eine Jugendreise mit dem Thema Musik, wird das Landesjugendwerk der AWO Saarland 2013 nicht anbieten.

Es bleibt festzuhalten, dass dadurch, dass dieser Jugendreiseveranstalter nicht kommerziell arbeitet, sich nicht nur die Inhalte der Reise, sondern auch deren Rahmenbedingen wie z. B. niedrigerer Preis oder ehrenamtliche Betreuer deutlich unterscheiden. Außerdem fällt auf, dass es bei dieser Reise auch Freizeitaktivitäten gab, die die Musik thematisieren, und der Veranstalter, wie bereits Ruf, mit einem Partner kooperierte.

Diese zwei Jugendreisen gelten als Ausgangsbasis der vorliegenden Arbeit. Sie zeigen mögliche Formen, wie Jugendreisen und Musizieren miteinander verknüpft werden können. Ausgewählte Inhalte sollen bei der Primärforschung getestet und dann gegebenenfalls bei der Konzeptentwicklung der Musik-Reise übernommen werden.

Im Rahmen dieser Arbeit war es nicht möglich herauszufinden, warum die oben beschriebenen Reiseformate aus dem Programm genommen worden sind. Schlussfolgernd gibt es derzeit also keine direkten Wettbewerber auf dem Jugendreisemarkt, was die Einführung eines neuen Produktes erleichtert, da der Veranstalter einen Wettbewerbsvorsprung haben wird. Das Thema der Innovationen im Tourismus greift das anschließende Kapitel auf.

## 3. Innovationen im Tourismus

Innovationen helfen Unternehmen, wettbewerbsfähig zu sein. Durch ein steigendes Qualitätsbewusstsein seitens der Kunden, durch Globalisierung und Verbreitung neuer Informations- und Kommunikationstechnologien herrscht im Tourismusmarkt ein großer Wettbewerb, weshalb Innovationen hier notwendig sind (Bidmon und Matzler, 2006, S. 177). Außerdem erhöhen Innovationen die Investitionsattraktivität und das Lebenserhaltungsniveau eines Unternehmens (Pompl und Buer, 2006, S. 22). Weitere Gründe für Innovationen stellen wechselnde Nachfragebedürfnisse der Kunden, ein Angebotsüberhang, gesättigte Märkte und sinkende Gewinnmargen dar (Müller, 2006, S. 109 f.). Der Lebenszyklus von Produkten wird kürzer, was den Druck nach Innovationen zusätzlich verstärkt. Innovationen zielen immer auf einen wirtschaftlichen Gewinn ab (Walder, 2006, S. 8).

Der Innovationsbegriff kann weder einheitlich noch einmalig definiert werden. Je nach Betrachter und dessen Wahrnehmung gibt es unterschiedliche Innovationsbegriffe. Schumpeter zufolge sind Innovationen neue Produkte und Dienstleistungen, neue Produktions- und Dienstleistungserstellungsprozesse, neue Märkte, neue Lieferanten und veränderte, neue Organisations- und Managementsysteme (Schumpeter zitiert in Walder, 2006, S. 8). Also alles, was neuartig ist. Hauschildt beschränkt sich bei den Neuartigkeiten auf Güter und Prozesse, indem er Innovationen definiert als „qualitativ neuartige Produkte oder Verfahren, die sich gegenüber einem Vergleichszustand „merklich“ – wie auch immer das zu bestimmen ist – unterscheiden“ (Hauschildt, 1993, S. 4). Für Rogers liegt der Fokus in der Wahrnehmung des Kunden. Nimmt dieser eine Idee, Handlungsweise oder ein Objekt als neu wahr, spricht er von Innovation (Rogers zitiert in Buhalis und Egger, 2006, S. 163).

Innovationen können hinsichtlich des Gegenstandes, der Auswirkungen oder der Ursachen unterschieden werden. Hjalager unterscheidet, fokussierend auf den Gegenstand, fünf Arten von Innovationen. Produktinnovationen sind Dienstleistungen oder Produkte, die verändert worden oder komplett neu sind. Diese Neuartigkeit sollte entweder vom Unternehmen, von Kunden, Lieferanten oder Mitbewerbern wahrgenommen werden (Hjalager, 2001, S. 465). Produktinnovationen sollen den Konsumenten einen Zusatznutzen bieten. Prozessinnovationen dagegen zielen auf einen Vorteil innerhalb des Unternehmens ab (Pompl und Buer, 2006, S. 24). Durch Prozessinnovationen werden derzeitige Prozesse der Leistungserstellung durch neue oder veränderte Technologien oder aber auch durch vollständig veränderte Produktionsverfahren verbessert. Bei Managementinnovationen werden Rahmenbedingungen geändert. Es entstehen neue Jobprofile, Wege der Zusammenarbeit oder Hierarchiestrukturen. Durch diese Art von Innovationen erlangen Arbeitnehmer mehr Verantwortung, beispielsweise durch Dezentralisierung innerhalb des Unternehmens oder Fort- und Weiterbildungsmaßnahmen. Logistikinnovationen beschreiben neue, externe, kommerzielle Verbindungen. Institutionelle Innovationen sind neuartige Einrichtungen in z. B. kleinen oder großen Gemeinschaften oder die Einführung gemeinschaftlicher und geregelter Strukturen in Institutionen (Hjalager, 2001, S. 466).

Eine Klassifikation hinsichtlich der Auswirkungen von Innovationen ist die Unterscheidung zwischen radikalen und inkrementellen Innovationen. Radikale Innovationen sind intensive Neuerungen. Ihr Zweck ist es, neue Geschäftsfelder und Geschäftsmodelle zu erschließen, neue Produkte oder Prozesse zu entwickeln, welche die wirtschaftliche Basis des Unternehmens verändern. Weniger intensiv sind inkrementelle Innovationen. Sie dienen der Verbesserung von Eigenschaften, sollen Kosten von bestehenden Produkten, Dienstleistungen oder Prozessen senken (Beritelli und Romer, 2006, S. 54 f.).

Darüber hinaus gibt es zwei Ursachen bzw. Auslöser für Innovationen, welche zur Unterscheidung dienen. Beim Angebotspush wird der Produktionsprozess durch neue Technologien verbessert und somit auch die Qualität der Dienstleistung. Beim Nachfragepull bestimmt die Marktnachfrage das Ergebnis von Innovationen. Kunden müssen den gesteigerten Nutzen des Produktes erkennen können. Bestenfalls wird ein vorher unbekanntes Bedürfnis erfüllt. Letztere Herangehensweise ist im Tourismus äußerst wichtig, da der Kunde zur Dienstleistungserstellung wesentlich beiträgt. Außerdem ist im Tourismus eine Entwicklung vom Verkäufer zum Käufermarkt zu erkennen, wodurch Wünsche und Bedürfnisse der Gäste in den Mittelpunkt gerückt sind. Es ist jedoch schwer, diese Bedürfnisse der Kunden frühzeitig zu erkennen, da die Dienstleistungen zu jenem Zeitpunkt noch nicht existieren (Beritelli und Romer, 2006, S. 56 f.) (Hjalager, 2001, S. 466). Um Nachfragetrends frühzeitig zu erkennen, eignet sich die Marktforschung.

Der Innovation voraus geht die Invention. Die Invention ist die Idee (Pechlaner u. a., 2006, S. 123). Erst die Umsetzung einer Idee durch ein Unternehmen ist eine Innovation (Pikkemaat und Peters, 2006). Der Innovationsprozess kann in fünf Schritte eingeteilt werden. Der erste Schritt ist die Ideengewinnung. Merkmale dieser Phase sind eine hohe Kundenorientierungen, da Kundenwünsche berücksichtigt werden müssen. Die Wünsche können entweder aus Kundenbeobachtung oder -befragung gewonnen werden. Danach erfolgt die Ideenauswahl. Im nächsten Schritt wird ein Leistungsdesign erstellt, wobei Urteile möglicher Leistungsträger einbezogen werden. Dies gilt als „wesentliches Kennzeichen einer marktorientierten Konzeptgestaltung" (Walder und Pospiech, 2006, S. 74). Innerhalb der darauf folgenden Testphase wird die Innovation in einen Konzept- oder Dienstleistungstest oder durch Experimente geprüft. Die fünfte und letzte Stufe des Innovationsprozesses ist die Markteinführung (Walder und Pospiech, 2006, S. 70 f.). Die vorliegende Arbeit greift lediglich die ersten beiden Stufen des Innovationsprozesses auf: Eine Idee wird konkretisiert.

Es gibt einige Voraussetzungen dafür, dass ein Unternehmen Innovationen generieren kann. Neben Wissen – es besteht eine positive Korrelation zwischen Wissen und Innovationsbereitschaft (Pikkemaat und Pfeil, 2006, S. 122) – sowie Forschung und Entwicklung (Keller, 2008, S. 189) muss es über branchenspezifische Kompetenzen und organisatorische Rahmenbedingungen verfügen. Ein informeller Rahmen beispielsweise fördert radikale Innovationen, formale Prozesse eher inkrementelle. Darüber hinaus sollte das Unternehmen über ausreichend Kapital verfügen, da vor allem radikale Innovationen mit hohen Kosten verbunden sind (Beritelli und Romer, 2006, S. 61).

Etwa 30-70% aller Innovationen scheitern (Brockhoff, 1993, S, 4). Innovationen können auf Probleme stoßen, die ihre wirtschaftlichen Effekte mindern. Ein wesentliches Problem sind Imitationen. Nachahmungen sind vor allem im Tourismus relativ einfach, da Produkte wenig komplex sind, aus vielen einzelnen Leistungen bestehen (Pompl und Buer, 2006) und es für Konkurrenten einfach zu beobachten ist, was andere Unternehmen gerade entwickeln. Außerdem ist ein Schutz durch Patente nur schwer möglich (Hjalager, 2001, S. 469) (Pikkemaat und Peters, 2006, S. 3). Ein weiteres Hindernis sind Schutzmechanismen, die wie Markteintrittsbarrieren wirken. Beispiele hierfür sind Zuliefererverträge oder allgemein die Vertragsgestaltung. Wenn ein Unternehmen sich eher auf die Bestandssicherung konzentriert und eine fehlende Strategieorientierung aufweist, gelten diese Aspekte zusätzlich als Innovationsbarrieren. Letztendlich steht die Innovation vor der Herausforderung, ob sie von der Gesellschaft anerkannt und akzeptiert wird. Diese Akzeptanz kann durch Kosten-, Prozess- oder Produktvorteile vom Unternehmen beeinflusst werden (Pompl und Buer, 2006, S. 29 f.). Es kann jedoch immer passieren, dass neue Produkte die Kundenerwartungen nicht erfüllen (Wöhler, 2006, S. 85).

Erfolgsfaktoren jeder Innovation sind dementsprechend die hohe Qualität und die Einzigartigkeit des Produktes, gute Marketingmaßnahmen, die Akzeptanz des Einzelhandels, ein effektiver Vertrieb und ein angemessener, transparenter Preis (Hodgson, 1990, S. 3). Laut Pompl und Buer (2006, S. 25) versprechen Produktinnovationen auch dann Erfolg für das Unternehmen, wenn sie konsequent wettbewerbsorientiert sind.

Im Dienstleistungssektor, wozu der Tourismus zählt, wird die Einbindung des Kunden in die Innovationsentwicklung vorausgesetzt, da der Kunde aktiv an der Dienstleistungserstellung beteiligt ist, wobei es natürlich Ausnahmen gibt. „Kundenwissen kann direkt oder indirekt in den Innovationsprozess integriert werden“ (Walder und Pospiech, 2006, S. 69). Sollen Kunden am Innovationsprozess teilhaben, werden diese speziell ausgewählt. Die Auswahl erfolgt nicht zufällig, sondern diejenigen Kunden mit neuen Bedürfnissen, Unzufriedenheit oder auffälliger Motivation werden selektiert (Walder und Pospiech, 2006, S. 70). Wenn Kunden integriert und ihre Bedürfnisse während des Innovationsprozesses erkannt werden, ist das Produktergebnis sehr nah an den Kundenwünschen, was zu wahrscheinlicheren Innovationserfolgen führt. Das Lead User Konzept macht hiervon Gebrauch. Hierbei werden führende Anwender eines Produktes zur Ideengenerierung eingeladen, sodass Innovationen von ihnen mitentwickelt werden (Bidmon und Matzler, 2006, S. 181).

Bei touristischen Dienstleistungen beschränken sich Produktinnovationen hauptsächlich auf die Erweiterung der Reiseleistungen. Prozessinnovationen im Tourismus entstehen oft aus der Anpassung von Neuerungen anderer Sektoren oder aus technischen Verbesserungen vorhandener Prozesse (Pompl und Buer, 2006, S. 21). Außerdem, wie schon oben erwähnt, sind im Tourismus meist Innovationen der Variante des Nachfragepulls vorzufinden. „Marktkräfte haben Priorität und formen in ersten Linie das Innovationsverhalten im Tourismusunternehmen“ (Weiermair und Peters, 2006, S. 10). Eine weitere Besonderheit des Tourismussektors ist die Immaterialität des Tourismusproduktes und die Tatsache, dass Kunden als externe Faktoren den Produktprozess beeinflussen, was innerhalb des Innovationsprozesses berücksichtigt werden muss (Möller und Schuckert, 2006, S. 141). Der Tourismussektor besteht hauptsächlich aus kleinen Unternehmen, die meist nur einer einzelnen Person oder einer Familie gehören und von diesen geführt werden. Da die Innovationskapazitäten höher sind, je größer das Unternehmen, gibt es hier nicht so viele Innovationen. Ketten oder Franchiseunternehmer haben dahingegen Vorteile (Hjalager, 2001, S. 469).

Auch im Jugendreisemarkt werden die Lebenszyklen der Programmangebote immer kürzer, wodurch der Druck nach Innovationen in der Angebotsgestaltung steigt. In einer Zeit, in der sich das Reisen schneller und stärker verändert als je zuvor, sind Jugendreisen nicht nur ein wichtiges Marktsegment, sondern eine ganz wesentliche Quelle für Neuerungen und Veränderungen (UNWTO, 2011, S. 5). Viele Trends haben ihren Ursprung in den jeweiligen Jugendkulturen. Im Jugendreisemarkt gibt es schon branchenübergreifende Kooperationen. Diese sind notwendig, da Jugendliche zwar keine Marken innerhalb der Reisebranche kennen, dieses Markenbewusstsein in Branchen wie Mode, Musik, Technik und anderen aber sehr wohl haben (Conrady, 2012, S. 38). Somit können Veranstalter sich z. B. über eine Kooperation mit einem Plattenlabel ein Image aufbauen, eine Marke, die für die Jugendlichen einen Widererkennungswert hat. Der Erfolg jedes Produktes hängt hier vor allem von seiner Glaubwürdigkeit ab (Buck, 2012, S. 30).

Innerhalb des Innovationsprozesses kann Marktforschung in verschiedenen Stufen eingesetzt werden. So kann sie auf verschiedenen Wegen zur Produktentwicklung beitragen. Es stellt sich jedoch als schwer heraus, da Kunden Tourismusprodukte wegen ihrer Immaterialität weder vorher untersuchen noch fassen oder ausprobieren können. Ein Vorteil hingegen ist, dass die Tourismusindustrie eine schnelle Reaktionszeit aufweist. So kann effizient auf veränderte externe Bedingungen eingegangen werden. Darüber hinaus können neue Produkte ohne großen Aufwand und teure Mittel getestet werden. Durch Marktforschung werden nützliche Informationen ermittelt, es können Marktlücken erkannt und durch qualitative und quantitative Methoden Meinungen und veränderte Vorlieben untersucht werden. Hiermit können Reaktionen auf Innovationen hervorgerufen werden und darauf aufbauend Stärken und Schwächen des neuen Produktes herausgestellt werden (Hodgson, 1990, S. 2-5).

Die Musik-Reise an sich ist zunächst ein neuartiges Produkt bzw. eine Dienstleistung und fällt somit laut Schumpeter in den Bereich der Innovationen. Ob die Musik-Reise auch für Kunden als neuartig aufgefasst wird und sie qualitativ besser als Vergleichbares ist, kann an dieser Stelle noch nicht beantwortet werden. Essenziell scheint jedoch, dass Kunden in den Innovationsprozess eingebunden werden sollen, um Erfolgschancen des Produktes zu steigern. Das geschieht in der vorliegenden Studie in Form einer Befragung.

## 4. Das Reiseverhalten von Jugendlichen – Ergebnisse ausgewählter Sekundärforschung

Im Folgenden soll nach der Schilderung allgemeiner Charakteristika auf drei Studien eingegangen werden, die sich mit dem Reiseverhalten von Jugendlichen beschäftigen. Diese Studien basieren auf Marktforschungen, bei denen zwar Personen ab 14 Jahren befragt wurden, deren Ergebnisse jedoch nach Altersgruppen getrennt betrachtet werden können. Dadurch haben die jeweiligen Studien die Möglichkeit nur mit den Ergebnissen der Jugendlichen zu arbeiten und somit einen umfangreichen Überblick über deren Reiseverhalten zu geben.

Die älteste Studie *Urlaubsreisen der Jugendlichen* stützt sich auf Daten aus dem Jahre 2001. Darauf folgt die Studie *Kinder- und Jugendreisen 2008*. Die aktuellsten Daten finden sich in der *Tourismusanalyse 2012*, die sich auf Erhebungen des Jahres 2011 bezieht. Alle drei Studien beinhalten lediglich Fragen zum allgemeinen Reiseverhalten der Jugendlichen.

### 4.1 Allgemeine Charakteristika

Das Buchungsverhalten von Jugendlichen unterscheidet sich von anderen Segmenten insofern, als Jugendliche gerne gemeinsam mit ihrer Peergroup buchen. Zusammen mit ihren Freunden wählen sie das Reiseziel aus und buchen die Reise. Jugendliche sind hierbei ebenso konsumorientiert wie andere Reisende. Spaß steht bei der Entscheidung im Mittelpunkt. Außerdem bringen sie Reiseerfahrungen mit. Laut Dettmer (2000, S. 75, 82) wünschen sich Jugendliche einen flexiblen Urlaub. Sie möchten frei und nicht Teil einer Struktur oder eines festen Programms sein. Lieber sind ihnen Urlaube mit Event-, Abenteuer- oder Action-Charakter. Die Gemeinschaft spielt für die Jugendlichen eine große Rolle. Sie möchten zusammen mit Gleichaltrigen etwas erleben, wobei die Privatsphäre und Zeit für sich auch nicht fehlen darf.

Das stärkste Urlaubsmotiv für Jugendliche ist laut *ruf Customer Satisfaction Survey 2010* „Strand und Sonne". 93,9% der teilnehmenden Jugendlichen wählten dieses Motiv. 89% der Jugendlichen war der Punkt Verpflegung bei der Auswahl der Reise besonders wichtig, für 87,3% war die Tatsache, dass der Freund bzw. die Freundin mit in den Urlaub fährt, ausschlaggebend. Ein Anteil von 85,6% der Jugendlichen möchte im Urlaub neue Leute kennenlernen (Föste, 2012, S. 375).

Die Traumreise der Jugendlichen geht nach Spanien. Diese Destination kennen die meisten Jugendlichen bereits, da sie dort mit ihren Eltern schon gewesen sind. Die Anreise ist relativ kurz, die touristische Infrastruktur vorhanden und gutes Wetter quasi sicher (Föste, 2012, S. 376).

## 4.2 Urlaubsreisen der Jugendlichen – FUR

Die von der „Forschungsgemeinschaft Urlaub und Reisen e.V." herausgebrachte Studie *Urlaubsreisen der Jugendlichen* beschäftigt sich mit Urlaubsreiseverhalten, Urlaubsmotiven und Urlaubsinteressen der Jugendlichen aus Deutschland. Hierbei ist die Datenbasis die *Reiseanalyse 2002*. Die Reiseanalyse ist eine jährlich durchgeführte Marktforschung, bei der das Reiseverhalten der Deutschen erfasst wird.

Die Zielgruppe der Jugendlichen schließt in diesem Falle Personen zwischen 14 und 19 Jahren ein.

2001 betrug die Reiseintensität der Jugendlichen 78,6%. Insgesamt machten 3,9 Millionen reisende Jugendliche 5,2 Millionen Urlaubreisen (Reisen von mehr als fünf Tagen). Ein Jugendlicher ist somit durchschnittlich 1,3-mal verreist. Die durchschnittlichen Reiseausgaben beliefen sich auf 522€ pro Urlaubsreise. Diese Urlaubsreisen waren durchschnittlich 12,7 Tage lang, was im Vergleich zu anderen Altersgruppen, die durchschnittlich 13,8 Tage verreisen, kürzer ist.

Die Jugendlichen verreisten im Jahre 2001 zu 73% ins Ausland. Hier waren Destinationen wie Spanien mit 12,8% der Reisen und Italien mit 11,3% am beliebtesten. Auch Frankreich war im Vergleich zur Gesamtbevölkerung unter der Zielgruppe der Jugendlichen mit 7% besonders beliebt und lag an dritter Stelle. Der Anteil der Reisen der Gesamtbevölkerung, die nach Frankreich gingen, lag vergleichsweise nur bei 3,9%. Länder wie die Türkei, USA, Großbritannien oder Dänemark haben in Zukunft Potential, da die Jugendlichen überdurchschnittlich oft angaben, dass sie in den nächsten drei Jahren ziemlich sicher oder wahrscheinlich dorthin verreisen wollen.

40% dieser Jugendlichen verreisten ohne Eltern oder andere Familienmitglieder. Des Weiteren lag der Anteil der organisierten Reisen von Jugendlichen bei 43%. Das am meisten genutzte Transportmittel ist der Pkw (47%), was damit zu erklären ist, dass hier keine Unterscheidung zwischen Jugendlichen, die alleine, also ohne Eltern verreisen, und Jugendlichen, die mit ihren Eltern verreisten, vorliegt. Der hohe Anteil des Pkw ist wahrscheinlich durch das Reisen mit den Eltern zu erklären. Das Flugzeug lag mit 27% an zweiter Stelle, dann erst folgte der Bus. 14% der Jugendlichen wählten 2001 den Bus als Anreisemittel.

Wird die Reiseart betrachtet, ist der Anteil des Badeurlaubes am höchsten (44%). Einen Urlaub zum Ausruhen wählten 29% der Jugendlichen, knapp dahinter liegt der „Spaß-/Fun-/Party-Urlaub" und Erlebnisurlaub (beide 28%). In diesem Kontext sollen auch die Urlaubsmotive betrachtet werden. 69% der Befragten ist „Spaß, Freude und Vergnügen" besonders wichtig. 63% der Jugendlichen möchten im Urlaub frei sein und Zeit haben. Für weitere 61% ist „Sonne, Wärme und schönes Wetter" das ausschlaggebende Motiv für die Urlaubsreise. 60% wollen im Urlaub viel erleben und eine hohe Abwechslung haben. Es ist zu erkennen, dass bei den Jugendlichen Motive ich-bezogener Art stärker vertreten sind als Erlebnismotive. Bei Erwachsenen ist dies umgekehrt. Sie sehen den Urlaub als Chance zur Erholung und Regeneration, wobei Jugendliche frei sein und Spaß haben wollen. Zu den am meisten ausgeübten Aktivitäten zählt das Baden (73%), gefolgt von „landestypische Spezialitäten genießen“ mit 61% der Jugendlichen, die dies in den letzten Urlauben häufiger getan haben. 60% der Jugendlichen machen Ferienbekanntschaften, weitere 59% beschäftigen sich mit Ausruhen und viel Schlafen. Ausflüge werden von 58% der Jugendlichen gemacht. Bei diesen Ausflügen handelt es sich um Besuche von Naturattraktionen und kulturellen oder historischen Sehenswürdigkeiten. „Einkaufsbummel machen“ liegt mit 53% der Jugendlichen, die dies im letzten Urlaub häufiger gemacht haben, an sechster Stelle, das Ausüben von leichten sportlichen Aktivitäten mit 46% an Achter. Wandern ist eher unbeliebt, dafür steigt das Interesse an Diskobesuchen (43%).

Die Reisezeit der Jugendlichen konzentrierte sich auf die Sommermonate Juni, Juli und August, wobei der Monat Juli und die erste Augusthälfte die stärkste Reisezeit war, was durch die Abhängigkeit von Schulferien bedingt ist (Danielsson u. a., 2003).

## 4.3 Deutsche Kinder- und Jugendreisen 2008

Die vom „BundesForum Kinder- und Jugendreisen e.V.“ veröffentlichte Marktforschung *Deutsche Kinder- und Jugendreisen 2008 – Aktuelle Daten zu Struktur und Volumen* basiert unter anderem auf den Ergebnissen der *Reiseanalyse 2009* und dient dem Zweck, „Planungshilfen für Politik und Wirtschaft, für kleine- und mittlere Unternehmen und für die Akteure vor Ort zu geben“ (Gleu und Kosmale, 2009, S. 8). Diese Studie spezialisiert sich auf die Zielgruppe innerhalb der deutschen Bevölkerung ab 14 Jahren bis zur Vollendung des 26. Lebensjahres. Hierbei werden drei Untergruppen unterschieden: Jugendliche zwischen 14 und 17 Jahren, die mit Personen aus dem eigenen Haushalt vereisen, Jugendliche zwischen 14 und 17 Jahren, die alleine verreisen, und junge Erwachsene zwischen 18 und 26 Jahren.

Die folgende Wiedergabe der Ergebnisse beinhaltet hauptsächlich Angaben der Jugendlichen zwischen 14 und 17 Jahren, die ohne Personen aus dem eigenen Haushalt verreisen. Wenn nur der Begriff *Jugendliche* genannt wird, ist dieses Segment gemeint.

Die Reiseintensität der Jugendlichen und jungen Erwachsenen im Alter von 14 bis 26 Jahren lag mit 82,2% höher als die der Gesamtbevölkerung (76,2%), was bedeutet, dass fast jede Person in dieser Altersgruppe im Jahre 2008 eine Urlaubreise von mindestens fünf Tagen angetreten ist. Mit jährlichen Reiseausgaben von ca. zwölf Milliarden Euro lag der Marktanteil von Kinder- und Jugendtourismus bei über 20% (Gleu und Kosmale, 2009, S. 5). Von den 2,8 Millionen Urlaubsreisen, die Jugendliche unternahmen, wurden 1,1 Millionen ohne Begleitung von Personen aus dem eigenen Haushalt realisiert. Jugendliche, sowohl allein Reisende als auch in Begleitung Reisende, haben im Jahre 2008 durchschnittlich 1,3-mal einen Urlaub gemacht. Die durchschnittliche Dauer der Urlaubsreise von Jugendlichen betrug 9,8 Tage, wobei der Schwerpunkt bei einwöchigen Reisen lag (40%). Die durchschnittliche Urlaubslänge hat sich im Vergleich zu 2002 auf 12,7 Tagen verringert. Die mittleren Reiseausgaben sind mit 532€ im Jahre 2008 fast gleich geblieben.

Diese Reisen von Jugendlichen hatten zu 46% inländische Destinationen als Ziel. Das Inland hat deutlich an Attraktivität gewonnen. Hier waren vor allem Städte wie Berlin, Hamburg oder Bremen beliebt. Mit Blick auf das Ausland liegt Spanien immer noch mit 21% der Reisen von Jugendlichen vorne, gefolgt von Italien mit 8% und den Niederlanden mit 7% der Reisen.

Nur ein Anteil von 9% dieser Jugendlichen ist wirklich ganz alleine gereist, die meisten sind in Begleitung von Freunden, aber auch mit Verwandten oder Bekannten verreist. Die Jugendlichen reisten am häufigsten in organisierter Form. 75% der Reisen sind 2008 organisiert. 2001 waren es nur 43%. Der Bus ist mit 42% das meist genutzte Transportmittel, gefolgt von dem Flugzeug (24%).

Die Reiseform der Kategorie „Spaß-/Fun-/Party-Urlaube“ bleibt bei den Jugendlichen die am häufigsten gewählte Reiseform (35%). Es folgen der Aktiv-Urlaub und der Erlebnis-Urlaub mit jeweils 30%. Der Anteil der

Studienreisen unter den Jugendlichen liegt bei 11%. Die stärkste Reisezeit ist immer noch der Juli und die erste Augusthälfte. Zusätzlich ist das Frühjahr zu einer bedeutsamen Reisezeit für Jugendliche geworden (Gleu und Kosmale, 2009, S. 1-46).

## 4.4 Tourismusanalyse 2012

Die *Tourismusanalyse 2012* ist eine von der Stiftung für Zukunftsfragen durchgeführte Marktforschung, die das Reiseverhalten der Deutschen im Jahre 2011 beschreibt. Die Tourismusanalyse ist eine jährlich durchgeführte Studie, bei der Personen ab 14 Jahren befragt werden. 2011 nahmen 4.000 Personen teil. Bei der Darstellung der Ergebnisse wird unter anderem nach Lebensphasen unterschieden. Eine dieser Lebensphasen bezieht sich auf Jugendliche im Alter von 14 bis 17 Jahren, in die 2011 194 der Teilnehmer fallen und deren Ergebnisse im Folgenden analysiert werden.

Die Reiseintensität von Jugendlichen lag im Jahre 2011 bei 56,4%. Dieser Anteil der befragten Jugendlichen hat eine Urlaubsreise von länger als fünf Tagen angetreten. Der Wert erscheint zunächst gering im Vergleich zur vorherigen Studie *Kinder- und Jugendreisen 2008* (82,2%). Jedoch schließt die Tourismusanalyse nur Jugendliche im Alter von 14 bis 17 Jahren ein, wohingegen bei der vorherigen Studie die Reiseintensität von Jugendlichen und jungen Erwachsenen bis 26 angegeben wird. Auch die Umfrage *Urlaubsreisen der Jugendlichen* schließt bei der Angabe der Reiseintensität mehr Altersgruppen ein – nämlich die 14- bis 19-jährigen, was zu einer höheren Reiseintensität führt.

Das Inland war für die Hälfte der Jugendlichen das Reiseziel, 50,7% reisten innerhalb Deutschlands. Bei den ausländischen Zielen war Spanien mit 14,6% auch in dieser Studie Favorit, abermals gefolgt von Italien mit 6,1%. Die Türkei belegte den dritten Platz, wohin 5,4% der Urlaubsreisen von Jugendlichen im Jahr 2011 gingen.

An dieser Stelle soll eine Verbindung zu der Prognose von 2002 hergestellt werden, dass Länder wie die Türkei, USA, Großbritannien und Dänemark an Beliebtheit unter den Jugendlichen aus Deutschland gewinnen. Um Werte vergleichen zu können, wird die *Tourismusanalyse 2009* zur Hilfe genommen. Da die Tourismusanalyse die Destinationen nicht durchgehend einheitlich kategorisiert, ist ein direkter Vergleich jedoch ohne Ausnahmen auch hier nicht möglich. Dennoch soll eine Entwicklung beschrieben werden. Der Anteil an Urlaubsreisen von Jugendlichen, die in die Türkei gingen, ist von 6,8% in 2008 auf 5,4% in 2011 gesunken, bleibt jedoch an dritter Stelle. Während die USA bzw. die USA und Kanada im Jahre 2008 1,0% der Urlaubsreisen als Ziel hatten, liegt der Anteil Nordamerikas in 2011 bereits bei 1,3%. Der Anteil von Reisen nach Großbritannien ist in diesen drei Jahren ebenfalls gestiegen. Großbritannien/Irland hatte 2008 einen Anteil von 0,9%, Großbritannien, wozu England, Schottland, Wales und Irland gezählt werden, 2011 schon 2,4%. Dänemark kann nur innerhalb der Destination Skandinavien betrachtet werden, wobei der Anteil an Auslandsreisen nach Skandinavien von 1,8% in 2008 auf 3,9% in 2011 stieg. Die Prognose lässt sich somit mit Ausnahme der Türkei bestätigen (Opaschowski, 2009, S. 30) (Reinhardt, 2012, S. 43).

Die Reiseabsichten für das Jahr 2012 fielen positiv aus. 38,9% der Jugendlichen beabsichtigten, 2012 eine Urlaubsreise zu machen, 46,5% waren sich unsicher und 14,6% wollten höchstwahrscheinlich keine Urlaubsreise unternehmen (Reinhardt, 2012).

## 4.5 Zwischenfazit

Bei der Betrachtung der vorliegenden Studien fällt die Problematik des Begriffs der Jugendlichen auf. Die Zielgruppe variiert hinsichtlich der Altersgrenzen, wodurch eine Vergleichbarkeit der Daten der jeweiligen Studien erschwert wird. Zum gegenwärtigen Zeitpunkt gibt es keine Marktforschung, bei der lediglich Jugendliche befragt werden. Die genannten Organisationen behelfen sich mit erhobenen Daten, die zunächst die Gesamtbevölkerung betreffen. Die Reiseanalyse und Tourismusanalyse sind geringfügig unterschiedlich aufgebaut oder arbeiten mit unterschiedlichen Methoden, was einen weiteren Punkt darstellt, der die Vergleichbarkeit beeinträchtigt. Dadurch, dass alle Personen ohne Berücksichtigung des Alters die gleichen Fragen gestellt bekommen, beinhaltet der Datensatz höchstwahrscheinlich keine vollkommene Angabe des Reiseverhaltens von Jugendlichen. Jugendliche verreisen offensichtlich anders, sodass ihnen für eine korrekte Beschreibung ihres Urlaubsreiseverhaltens auch andere Fragen gestellt werden müssten.

Die Ergebnisse sollen nun zusammengefasst und Entwicklungstendenzen herausgestellt werden. Jugendliche im Allgemeinen sind ihrer Reiseintensität zufolge sehr reisefreudig. Nicht nur der hohe Anteil von Jugendlichen, die jährlich mindestens eine Urlaubsreise unternehmen, sondern auch die Tatsache, dass die meisten mehr als eine Urlaubsreise jährlich antreten, bestätigen diese Schlussfolgerung. Die Reiseausgaben von durchschnittlichen 527€ spiegeln den Preis der Angebote wider. Ein beträchtlicher Teil der Jugendlichen reist ohne Eltern und in organisierter Form. Dies ist vor allem in Hinblick auf die in der vorliegenden Studie zu entwickelnde Reise positiv zu betrachten, da es sich bei dieser um eine organisierte und betreute Reiseart handeln wird. Was diese Charaktereigenschaft betrifft, gibt es also potenzielle Jugendliche in der Zielgruppe. Dass der Bus unter den Jugendlichen ein beliebtes bzw. häufig genutztes Anreisemittel zu sein scheint, ist diesbezüglich ebenfalls erfolgversprechend einzuschätzen. Argumente für den Bus sind die flexible Beförderung, Umweltverträglichkeit und die Preisgünstigkeit. Ausschlaggebend ist jedoch, dass der Bus für das Entstehen eines Gruppengefühls eine optimale Gelegenheit bietet. Schon auf der Anreise können sich Jugendliche leicht unterhalten, gemeinsam „chillen" und durch die räumliche Nähe einfach Kontakte knüpfen (Gauf und Gauf, 2012, S. 298, 301).

Bei der Urlaubslänge ist eine Entwicklung zu kürzeren Reisen erkennbar. Die Hauptreisezeit sind die Ferien, vor allem im Sommer, wobei einige Jugendliche zuletzt auch das Frühjahr favorisierten. Hier kommen Oster- oder Pfingstferien in Frage oder andere verlängerte Wochenenden. Das Inland hat in den letzten zehn Jahren an Beliebtheit gewonnen. Während die Mehrheit der Urlaubsreisen von Jugendlichen zu Beginn der Betrachtung, 2001, ins Ausland ging, war der Anteil von Inlands- und Auslandsreisen zuletzt ausgeglichen. Spanien ist durchgehend das meist besuchte ausländische Urlaubsziel, gefolgt von Italien. Der dritte Platz auf der Liste ist hier eher variabel, von Frankreich über die Niederlande bis hin zur Türkei. Jugendliche buchen vor allem Urlaube, die Spaß und Party versprechen. Hauptmotiv dieser Zielgruppe ist es, Spaß im Urlaub zu haben. Des Weiteren möchten sie Freiheit genießen, sehnen sich nach gutem Wetter und möchten Zeit zur freien Verfügung haben.

Die Analyse der ausgewählten Studien an dieser Stelle ist für das weitere Verständnis der Arbeit wichtig und notwendig. Sie zeigt den aktuellen Forschungsstand, aber auch die sich daraus ergebenden Lücken bezüglich des Forschungsgegenstandes „Musik-Reise". Das weitere Vorgehen basiert insofern auf diesen Erkenntnissen, als der eigenen Primärforschung dieser Datensatz zugrunde liegt. Die fehlenden Informationen sollen in der Primärforschung ermittelt werden. Sowohl bei der Vorbereitung der Gruppendiskussion als auch bei der Erstellung des Fragebogens bildeten diese Ergebnisse die Grundlage.

## 5. Eigene Untersuchung

Im Folgenden soll die selbst durchgeführte empirische Untersuchung, die auf nicht-experimentelle Methoden zurückgreift, dargelegt werden. Basis der Entwicklung dieser Studie sind die Ergebnisse der vorhergehenden Sekundärforschung. Es wurden zwei unterschiedliche Befragungsarten gewählt, um Jugendliche zum Thema Musik-Reise zu befragen: die eher qualitative, schriftliche Gruppendiskussion und die in erster Linie quantitative, schriftliche Umfrage.

### 5.1 Gruppendiskussion

Im Folgenden werden die Methode der Erhebungsart Gruppendiskussion vorgestellt, das Untersuchungsdesign dargestellt und die Ergebnisse präsentiert.

#### 5.1.1 Methode

Die Gruppendiskussion ist eine Form der qualitativen Marktforschung. Sie ist eine Spezialform des Interviews, bei der gleichzeitig mehrere Personen befragt werden (Aghamanoukjan u. a., 2009, S. 423). Lamnek (1995, S. 131) definiert Gruppendiskussion als „Gespräch einer Gruppe von Untersuchungspersonen zu einem bestimmten Thema unter Laborbedingungen". Bei diesen Gesprächen spielen entweder die Einstellungen jedes Einzelnen oder die der ganzen Gruppe eine Rolle (Aghamanoukjan u. a., 2009, S. 423). Laut Zikmund (zitiert in Mayerhofer, 2009, S. 479) sind Gruppendiskussionen „unstrukturierte, freie Interviews mit einer kleinen Gruppen". Mit dieser Auffassung geht er zusätzlich auf die Gruppengröße ein, die er als klein ansieht, und beschreibt das Gespräch als ungezwungen und ungeplant.

Gruppendiskussionen werden eingesetzt, wenn die Materie aus Sicht der Zielgruppe beleuchtet werden soll. Es sollen ihre Motive, Einstellungen, Meinungen, Beurteilungskriterien, Wünsche und Ideen bezüglich des Themas ermittelt und sowohl erste als auch tiefere Einsichten in den Untersuchungsgegenstand geliefert werden. Des weiteren dienen sie der „Generierung neuer Hypothesen und Ideen" (Snoy, 2012, S. 249). Bei der Vorbereitung quantitativer Studien eignen sich Gruppendiskussionen in der explorativen Phase. Laut Noelle-Neumann und Petersen (2005, S. 78) sind sie Voraussetzung für den Erfolg von Bevölkerungsumfragen.

Zunächst müssen Diskussionsteilnehmer gefunden und ein erfahrener und geschulter Moderator ausgewählt werden. Der Moderator sollte offen und gesprächsbereit sein, zuhören können, umfangreiches Wissen über den Forschungsgegenstand haben und sich auf verschiedene Dinge gleichzeitig konzentrieren können (Mayerhofer, 2009, S. 482). Die ideale Gruppengröße schwankt zwischen fünf und sieben (Mayerhofer, 2009, S. 481) und sechs bis zehn Teilnehmern (Snoy, 2012, S. 250). Bei Kindern ist eine kleinere Anzahl an Diskussionsteilnehmern von Vorteil (Snoy, 2012, S. 251). Die Gefahr von kleineren Gruppen ist, dass ein Mitglied die Diskussion dominiert. Bei größeren Gruppen kann es dazu kommen, dass einzelne Personen zu wenig zu Wort kommen. Die potentiellen Teilnehmer werden auf der Straße, per Post oder im Internet angesprochen. Gerade bei komplexen Themen und kleinen Gruppen sollte die Gruppe hinsichtlich demografischer Merkmale wie Geschlecht, Alter, Bildung oder Familienstand homogen sein (Mayerhofer, 2009, S. 482). Zusätzlich sollte sich mit Kriterien wie Lifestyle und Wissenstand der potentiellen Teilnehmern über das zu diskutierende Thema auseinandergesetzt werden (Snoy, 2012, S. 251). Unterschiedliche Meinungen sorgen für Diskussionsstoff. Kontroverse Ansichten sind wichtig für die Gruppendiskussion und deren gruppendynamische Effekte, dürfen aber nicht zu einer unangenehmen Stimmung führen. Der Moderator nimmt dabei eine Schlüsselfunktion ein. Er sorgt für die richtigen Rahmenbedingungen und beginnt mit einer Eisbrecherfrage. Während des Gesprächs fördert er die Interaktion und übersetzt die der Gruppendiskussion zugrundeliegenden Ziele in einen Diskussionsleitfaden. Dabei werden jedoch keine ausformulierten Fragen eingesetzt oder Diskussionspunkte in einer festgelegten Reihenfolge besprochen. Er stellt sich naiv, sodass Teilnehmer aufgefordert sind, hinsichtlich ihrer Standpunkte ins Detail zu gehen. Der Moderator kann flexibel auf Gesagtes eingehen und das Thema wechseln. Außerdem sollte er stille Teilnehmer zum Mitdiskutieren anregen (Mayerhofer, 2009, S. 482). Im ganzen Gespräch ist er stets neutral (Snoy, 2012, S. 251). Im Mittelpunkt steht die Generierung von Ideen, nicht deren Beurteilung (Mayerhofer, 2009, S. 483). Die Dauer liegt zwischen einer und drei (Mayerhofer, 2009, S. 481) bzw. zwei und vier Stunden (Snoy, 2012, S. 250). Die Auswertung erfolgt in drei Stufen: Anfangs werden die Aufzeichnungen in ein Protokoll übertragen, darauf folgt das Gruppieren der Aussagen und zuletzt werden die Ergebnisse in Bezug auf die anfänglichen Theorien ausgewertet (Mayerhofer, 2009, S. 483).

Vorteile von Gruppendiskussionen sind, dass sie eine relativ kurze, kostengünstige Abwicklung vorweisen und eine leicht durchführbare Forschungsmethode sind, deren Ergebnisse schnell analysiert werden können (Mayerhofer, 2009, S. 481). Durch die Gruppendynamik entstehen neue Ideen. Dazu trägt auch der sogenannte Schneeballeffekt bei. Dieser beschreibt die Tatsache, dass Aussagen eines Teilnehmers als Anreiz für Wortmeldungen anderer Teilnehmer dienen. Die Antworten sind durch die ungezwungene Atmosphäre in der Regel ehrlich. Auf der anderen Seite können nicht wahrheitsgemäße Antworten gegeben werden, wenn Jugendliche sich durch die Anwesenheit anderer bedrängt fühlen. Als eher kritisch zu betrachten sind außerdem Faktoren wie die Strukturlosigkeit oder die Verzerrung von Ergebnissen. Grundsätzlich sind Gruppeninterviews aufwändiger als z.B. standardisierte Interviews. Die Gefahr der fehlerhaften Auswertung besteht auch hier, denn die Ergebnisse können subjektiv interpretiert werden. Grundsätzlich sind die Ergebnisse einer Gruppendiskussion nicht generalisierbar (Mayerhofer, 2009, S. 486).

Eine mögliche Form der Umsetzung der Gruppendiskussion ist die Online-Fokusgruppe. Hierbei findet die Diskussion in einem virtuellen Diskussionsraums statt und es nehmen nur sechs bis acht Teilnehmer statt. Dies hilft dem Moderator bei der Koordination der Diskussion, da er hier schreiben anstatt sprechen muss, was grundsätzlich mehr Zeit erfordert (Snoy, 2012, S. 253). Die Diskussion ist also mit weniger Teilnehmern leichter umsetzbar. Sie wird vor allem bei Themen eingesetzt, bei denen eine anonyme Teilnahme vorteilhaft ist. Weitere Vorteile stellen die Möglichkeit der weltweiten, gleichzeitigen Teilnahme und die sofortige Verfügbarkeit der Daten dar. Online-Gruppendiskussionen sind sowohl kostengünstiger als klassische Gruppendiskussionen als auch mit einer Dauer von einer Stunde kürzer (Weis und Steinmetz, 2012b, S. 135). Vorteilhaft ist auch, dass schwer erreichbare Zielgruppen zusammengebracht werden können. Die Diskussion findet in einem Chatroom statt. Als Nachteil ergeben sich hieraus die hohen technischen Anforderungen an die potentiellen Teilnehmer (Mayerhofer, 2009, S. 485). Auf der anderen Seite gibt es hierdurch ein sofortiges elektronisches Protokoll (Weis und Steinmetz, 2012b, S. 135). Nachteilig ist die Tatsache, dass weniger Gruppendynamik entsteht. Moderator einer Online-Gruppendiskussion zu sein, ist schwerer, da es nicht leicht ist, Autorität zu vermitteln (Mayerhofer, 2009, S. 485).

Zusammenfassend lässt sich sagen, dass das Ziel von Gruppendiskussionen als Teil der qualitativen Marktforschung „nicht ein repräsentatives Sample an Personen, sondern eine Repräsentation verschiedener Ansichten und Meinungen [ist]“ (Mayerhofer, 2009, S. 486). Die Anzahl der generierten Ideen ist weniger wichtig als deren Qualität (Mayerhofer, 2009, S. 487). Gruppendiskussionen liefern keine repräsentativen Ergebnisse (Snoy, 2012, S. 254).

### 5.1.2 Durchführung

In der vorliegenden Arbeit fiel die Wahl auf eine Online-Gruppendiskussion. Es sollten Jugendliche teilnehmen, die aus der Grundgesamtheit stammen. D. h., sie mussten zwischen 14 und 17 Jahre alt sein und ein Musikinstrument spielen oder singen. Die klassische Gruppendiskussion kam nicht in Frage, da in dem vorgegebenen Zeitrahmen weder das Auffinden von geeigneten Diskussionsteilnehmern noch logistische Voraussetzungen realisierbar gewesen wären. Außerdem passt eine online durchgeführte Gruppendiskussion zu der Zielgruppe der heutigen Jugend, den Digital Natives, die mit dem Internet aufgewachsen sind und sich deshalb durch Internetaffinität auszeichnen (Isenberg, 2012, S. 398). Ein weiterer Vorteil war hier, dass die Jugendlichen aus verschiedenen Städten kommen konnten, wodurch die potentielle Teilnehmerzahl stieg. Die Teilnehmer wurden zur Mehrheit über das Internet akquiriert. Hier wurde das soziale Netzwerk Facebook benutzt und der Aufruf dort in musikalische Gruppen gesetzt. Ein paar der Jugendlichen wurden im weiteren Bekanntenkreis der Autorin angeworben. Gleichzeitig wurde der Facebook-Textchat als virtueller Diskussionsraum genutzt. Aus Kosten- und Zeitgründen fiel die Wahl des Moderators auf die Verfasserin der vorliegenden Studie.

Es wurden zwei Gruppendiskussionen durchgeführt. Die erste fand am 17. Oktober, die zweite am 18. Oktober 2012 statt. Sie dauerten je eine Stunde. Es nahmen jeweils fünf Jugendliche teil, was laut Mayerhofer in den Bereich der idealen Gruppengroße passt. Eine kleinere Gruppe ist in diesem Fall außerdem vorteilhaft, da die Diskussionsteilnehmer Jugendliche sind und die Diskussion im Online-Textchat stattfand. Es ist anzumerken, dass zwei der Teilnehmer mit 18 und 19 Jahren über der zuvor festgelegten Altersgrenze liegen. Drei der Jugendlichen sind 15 Jahre alt, vier 16 und einer 17 Jahre. Die Instrumente, die diese Jugendlichen spielen, reichen von Klarinette über Trompete, Querflöte, Posaune, Klavier, Schlagzeug, Gitarre, Geige und Bratsche bis hin zu Gesang. Jede Instrumentengruppe war somit vertreten.

Die Gruppe ist entsprechend der Alterspanne, dem Bildungsstand (alle gehen noch zu Schule) und der Tatsache, dass sie aus musikalischen Jugendlichen besteht, homogen. Heterogenität fällt beim Geschlecht (es nahm ein männlicher Jugendlicher teil) und bei den Instrumenten auf.

Der Wissenstand der Teilnehmer über das Forschungsthema ist nach eigenen Einschätzungen eher gering. Eine Definition der Musik-Reise wurde vorab gegeben.

Im Vorfeld wurden grobe Inhalte der zu behandelten Themen festgelegt, aber weder konkrete Fragen entwickelt, noch eine Reihenfolge festgelegt, damit möglichst unstrukturiert, frei, verlaufs- und ergebnisoffen in die Diskussion eingestiegen werden konnte. Folgende Aspekte sollten angesprochen werden: Mitnahme von eigenen Instrumenten, mögliche Destinationen der Musik-Reise, Aktivitäten des Freizeitprogramms, Workshopinhalte, Anteile des gemeinsamen Musizierens, das grundlegende Konzept der Reise und das Hauptreisemotiv. Wenn beide Gruppendiskussionen zusammen gewertet werden, ist über alle Aspekte in irgendeiner Weise diskutiert worden. Zusätzliche Diskussionspunkte, wie beispielsweise die Bedeutung eines Reisepartners, die Frage nach Begleitpersonen oder die Instrumenten- und Niveauverträglichkeit, wurden spontan ergänzt, als Jugendliche sie zur Sprache brachten.

Das grundsätzliche Ziel der Gruppendiskussion war es, mögliche Antwortkategorien zu Fragen des Fragebogens zu generieren, die Relevanz einzelner Fragen zu testen und einen ersten Eindruck in die Denkweise der Jugendlichen im Bezug zum Thema Musik-Reisen zu erlangen.

Die Gruppendiskussion begann mit der Eisbrecherfrage „Welche Instrumente spielt ihr?“, die alle Teilnehmer leicht beantworten konnten. Ferner bekamen die Jugendlichen eine Übersicht, mit wem sie gerade schreiben, was zu einer angenehmen Atmosphäre beitrug. Da die Einstellungen jedes einzelnen Diskussionsteilnehmers wichtig waren, wurde darauf geachtet, dass die Jugendlichen genug Zeit hatten, auf eine Frage zu antworten oder auf eine Antwort zu reagieren. Die Antworten durften nicht beurteilt werden, was durch die Neutralität des Moderators erreicht wurde. Dieser stellte sich teilweise unwissend und ging auf verschiedene Aspekte spezifisch ein oder fragte nach, um möglichst detaillierte Informationen zu erhalten. Es ging darum, viele verschiedene Motive und Einstellungen zu sammeln.

Beide Diskussionen wurden im Online-Textchat elektronisch protokolliert. Dies erleichterte die Auswertung. Die Gruppendiskussion wurde im Nachhinein in einzelne Diskussionspunkte oder Fragen gegliedert. Die Antworten bzw. Thesen wurden dann weitestgehend in Gruppen kategorisiert, den Stichworten zugeordnet und analysiert und ausgewertet.

### 5.1.3 Ergebnisse

Zur Ausdrucksweise sei vorab angemerkt, dass im Folgenden die männliche Form „der Jugendliche“ der Übersicht halber benutzt wird, was jedoch einen exemplarischen Jugendlichen aus der Grundgesamtheit darstellt, der sowohl weiblich als auch männlich sein kann.

Die Jugendlichen sind sich einig darüber, dass sie an einer Musikreise teilnehmen würden. Ihre Erfahrungen in dieser Hinsicht beschränken sich auf Reisen, die von ihrem Orchester, Chor oder der Musical-AG der Schule unternommen wurden. Diese Reisen unterscheiden sich jedoch von der Musik-Reise, um die es in der vorliegenden Studie geht. Die von den Jugendlichen unternommenen Reisen führten nach Marokko, New Castle, Berlin, Rom, Duisburg und Paris. Eine Mehrheit der Jugendlichen würde auch alleine an einer Musik-Reise teilnehmen. Als Gründe dafür nennen sie, dass man so einfach und schnell neue Leute kennenlernt. Da Teilnehmer einer solchen Reise offensichtlich die gleichen Interessen haben, ist eine Basis gegeben, Freundschaften zu schließen. Einer der Jugendlichen macht eine individuelle Teilnahme davon abhängig, welche Instrumente andere mitfahrenden Jugendlichen spielen und wohin die Reise geht. Bei fernen Destinationen z. B. sei eine Bezugsperson hilfreich. Zwei weitere Jugendliche wünschen sich mindestens eine bekannte Person auf der Reise. Mit dieser sei die anfängliche Zeit angenehmer. Ebenso ist die Mehrheit dafür, dass eigene Instrumente mitgebracht werden. Diese seien von den Jugendlichen selbst eingespielt, sodass es am meisten Spaß mache und außerdem ergäben sich weniger Probleme im Falle, dass sie etwas am Instrument beschädigen. Instrumente mitzunehmen beschränkt sich jedoch auf solche, die leicht zu transportieren sind. Große oder schwere Instrumente wie das Klavier, Kontrabass oder ein Schlagzeug sollten vor Ort gestellt werden. Lediglich einer der Jugendlichen bevorzugt Leihinstrumente. Wenn eigene Instrumente mitgenommen werden, wird das Transportmittel höchstwahrscheinlich der Bus sein. Keiner der teilnehmenden Jugendlichen spricht sich gegen eine Busreise aus.

Bei den möglichen Destinationen einer Musik-Reise sind die Jugendlichen relativ offen und legen sich nur vereinzelt auf ein Land fest. Das Reiseland ist ihnen egal, alles außer „gefährliche Länder“ (Gruppendiskussion, 17.10.2012) können sie sich vorstellen. Lediglich Spanien und Italien werden genannt. Diese Länder sind in den vorhergehend analysierten Studien als die Topdestinationen unter Jugendlichen herausgestellt worden. Der Ort sollte touristisch so erschlossen sein, dass neben der Musik auch andere Freizeitaktivitäten angeboten werden können. Außerdem werden der Strand oder die Berge präferiert.

Des Weiteren haben die befragten Jugendlichen kein Problem damit, dass alle Reiseteilnehmer, egal welches Instrument sie spielen, zusammen in einer Gruppe musizieren. Bei der Entscheidung der Musikstücke, die gespielt werden, sind sie ebenso offen. Die meisten stimmen dafür, dass der Organisator entscheidet, wobei die Auswahl abwechslungsreich sein sollte. Einer der Jugendlichen möchte jedoch im Vorfeld wissen, welche Stücke auf der Reise gespielt werden. Außerdem sind sie generell der Meinung, dass alle verschiedenen Niveaus, die auf dieser Reise zusammentreffen, in einer Gruppe gemeinsam musizieren sollen. Die Jugendlichen können sich gegenseitig unterstützen („gute [...], die die jüngeren a bissl coachen“ (Gruppendiskussion, 17.10.2012)) und aufeinander Rücksicht nehmen. Vereinzelt wurde der Wunsch geäußert, die Gruppe zu trennen. Vor allem dann, wenn Niveauunterschiede zu groß erscheinen. Als Alternative wird vorgeschlagen, dass es eine große Gruppe gibt, bei der alle zusammen proben, und zusätzlich weitere Angebote für verschiedene Niveaustufen. Der zentrale Wunsch nach gemeinsamem Musizieren und Spaß wird in diesem Zusammenhang mehrmals besonders betont.

Bei der Frage nach der Begleitung bzw. den Betreuern werden sowohl ausgebildete Lehrer, ältere Schüler, Bandleiter und Instrumentallehrer genannt. Das Prinzip „Stärkere helfen Schwächeren“ scheint unter den Jugendlichen eine gängige Methode zu sein. Auf direkte Nachfrage können sich die Jugendlichen auch Musikstudenten als Betreuer vorstellen. Sie seien in der Position und Altersklasse, in der sie sowohl verantwortungsbewusst leiten können und gleichzeitig Spaß verstehen. Ein Jugendlicher betont, dass kein Fachpersonal nötig sei, einem anderen ist es egal, welchen musikalischen Hintergrund die Betreuer mitbringen. Wichtig für die Jugendlichen ist es, dass die Betreuer vor allem Spaß verstehen. Spaß haben ist ihnen grundsätzlich wichtiger, als sich musikalisch zu verbessern. Die Verbindung aus Spaß und Lernen sollte laut einem Jugendlichen das Ziel der Musikreise sein.

Bei der maximalen Anzahl der Stunden, die alleine dem Musizieren gewidmet werden, sind die Antworten sehr verschieden ausgefallen. Die Spanne reicht von einer Stunde bis maximal sechs Stunden, wobei hier Proben und musikalische Workshops einbezogen werden. Für die einen sollte es ausreichend Zeit für andere Freizeitaktivitäten geben, bei anderen steht das Musizieren im Vordergrund („so 'ne Reise ist ja fürs gemeinsame Musizieren da“ (Gruppendiskussion, 17.10.2012)). Trifft letzteres zu, sollte mehr Zeit für das Musizieren als für das restliche Freizeitprogramm eingeplant werden. Wieder ein anderer schlägt vor, dass von Tag zu Tag abwechselnd geprobt bzw. nicht geprobt wird, damit genug Zeit für Ausflüge bleibt.

Die Jugendlichen machen die Stundenanzahl des Musizierens auch abhängig davon, ob eigene Konzerte stattfinden. Manche von ihnen äußern, dass sie wenigstens ein Abschlusskonzert veranstalten möchten. Außerdem hat einer die Idee, dass Konzerte speziell für Einheimische gegeben werden sollten.

Angebotene Workshops zählen die meisten an der Gruppendiskussion teilnehmenden Jugendlichen zu dem Teil der Freizeit einer Musik-Reise, bei denen sie sicherlich mitmachen würden. Vorgeschlagene Themen für die Workshops sind hier „Technik und Ansatz[1]“ und „für das Land typische Musik“.

---

[1] Der Ansatz bezeichnet in der Musik die „bestimmte Stellung und Spannung der Lippen beim Anblasen von Blasinstrumenten“ Duden. 2013. *Ansatz, der* [Online]. Verfügbar:

Bei der Frage, ob die Proben vorgeschriebener oder freiwilliger Art sein sollen, gab es ebenfalls unterschiedliche Meinungen und Lösungsvorschläge. Es ist zu erkennen, dass es einen Wechsel zwischen festen und offenen Proben geben soll. Dies könnte sowohl innerhalb eines Tages umgesetzt werden, indem Proben verpflichtend sind und Workshops freiwillig, oder von Tag zu Tag unterschiedlich. Bei der letzten Variante gibt es beispielsweise zwei Tage mit vorgeschriebenem Programm, an den nächsten zwei Tagen hingegen können Jugendliche selbst entscheiden, ob sie an den Angeboten teilnehmen möchten oder nicht. Auf der anderen Seite werden von einem anderen Jugendlichen ausschließlich freie Angebote gewünscht, sodass man an nichts gebunden ist und die Teilnehmer selber wählen können. Einer Aussage zufolge werden die Jugendlichen auch dann erscheinen, wenn die Teilnahme freiwillig ist, da das Interesse am Musizieren ja besteht.

Als Aktivitäten innerhalb des Freizeitprogramms wünschen sich die Jugendlichen Besichtigungen von Sehenswürdigkeiten, Stadtführungen, Museumsbesuche und Ausflüge, wobei die Umgebung kennengelernt werden kann. Sie möchten Fotos machen und ländertypische Dinge erleben. Hinsichtlich der Abendgestaltung haben sie Lust auf Diskobesuche, Karaokeabende oder Nachtwanderungen. Andere wünschen sich die Möglichkeit, zum Strand zu gehen oder auch in den Bergen zu wandern. Außerdem sollte Sport ein Bestandteil des Freizeitprogramms sein. Zeit für sich und zum Entspannen ist zudem wichtig. Hinsichtlich der Frage nach Konzertbesuchen wird das Problem sichtbar, dass es schwierig ist, alle Vorlieben der Teilnehmer zu treffen. Als Lösungsansatz wird vorgeschlagen, die Gruppe bei solchen Angelegenheiten aufzuteilen. Das Freizeitprogramm sollte auf komplett freiwilliger Basis sein. Es ist ein wichtiges Hilfsmittel, um Leute kennenzulernen.

Ein weiterer Teil der Gruppendiskussion greift die Frage nach verpflichtenden Probeeinheiten bzw. nach einem vorgeschriebenen Programm abermals auf und stellt die Jugendlichen vor die Wahl zwischen einem schulischen Konzept, bei dem Probezeiten vorgeschrieben sind und es feste Zeiteinheiten fürs Musizieren gibt, und einem selbstgesteuerten Konzept nach dem Motto „organisierte Freiheit“ (Schmidt, 1997, S. 234), bei dem es nur Angebote gibt,

---

http://www.duden.de/rechtschreibung/Ansatz#Bedeutung6a [Aufgerufen am 11. Februar 2013].

deren Teilnahme komplett freiwillig ist. Eine knappe Mehrheit der Jugendlichen stimmt für eine geplante Organisation mit festen Zeiten, damit tatsächlich alle gemeinsam musizieren. Andere Jugendliche ziehen abermals eine Kombination aus freien und verpflichtenden Einheiten an einem Tag oder von Tag zu Tag vor. Einer der Jugendlichen möchte selbst entscheiden können, an welchen Einheiten er teilnehme. Die Mehrheit ist jedoch der Meinung, dass die Gruppe feste Proben braucht.

Der letzte Diskussionspunkt widmete sich dem Thema des Hauptreisemotivs der Jugendlichen und in diesem Zusammenhang auch der Frage, ob Musizieren und Urlaubmachen im Gegensatz zueinander stehen. Die Gruppe kommt zu dem Entschluss, dass es keine Gegensätze sind. Urlaub ist eine Freizeitaktivität, genauso wie das Musizieren. Musik mache Spaß und der Urlaub auch. Das Hauptreisemotiv scheint schwierig festzulegen zu sein. Mit gewisser Unsicherheit wird mehrmals die Musik in den Vordergrund gestellt. Der Zusatznutzen sei dann, Spaß zu haben und neue Leute und Länder kennenzulernen. Die Kombination aus beiden, den Urlaub mit Musik zu verbinden, ist ein weiteres Motiv.

## 5.2 Zwischenfazit

Zusammenfassend lässt sich sagen, dass die an der Gruppendiskussion beteiligten Jugendlichen grundsätzlich an einer Musik-Reise teilnehmen würden. Die meisten würden die Reise auch ohne Freund oder Freundin buchen. Hinsichtlich der Destination sind sie weitgehend offen. Außerdem sind sie zugänglich für die Instrumentenverträglichkeit, der Stückwahl und auch des gemeinsamen Musizierens von Jugendlichen unterschiedlichen Niveaus. Der Teil des Musizierens sollte eine Stundenanzahl von maximal sechs nicht überschreiten. Des Weiteren wünschen sich die Jugendlichen nicht zwingend musikalisch hochprofessionelles Personal. Eine Kombination aus Spaß und musikalischem Verbessern wäre optimal. Das gewünschte Freizeitprogramm einer Musik-Reise entspricht dem normaler Jugendreisen. Das Konzept soll eine Mischung aus verpflichtenden und freiwilligen Musikangeboten, aus festem Ablaufplan und Flexibilität vorweisen. Nach Ansicht der Gruppe braucht die Musik-Reise auch verpflichtende Proben. Die Motive, an einer Musik-Reise teilzunehmen, sind neben der Musik, Spaß zu haben und Leute kennenzulernen. Vor allem, dass Jugendliche neue Leute kennen lernen, scheint sehr wichtig zu sein.

Das Problem, welches sich bei der Gruppendiskussion und später auch im Fragebogen heraus kristallisierte, ist, dass Jugendliche bei dem Wort „Musik-Reisen" an Orchester-, Band- oder Chorfahrten denken. Die Voraussetzungen dabei sind aber ganz anderer Natur: Eine bereits bestehende Musik-Gruppe verreist. Die Teilnehmer kennen sich also schon untereinander. Diese Reisen sind außerdem meistens selbst organisiert und kein Angebot von kommerziellen Reiseveranstaltern.

Die Ergebnisse der Gruppendiskussion geben einen ersten Eindruck von Einstellungen, Wünschen und Bedenken gegenüber Musik-Reisen. Sie helfen, den Forschungsgegenstand aus dem Blickwinkel von Jugendlichen und damit der Zielgruppe zu betrachten. Dies und die gegebenen Antworten erwiesen sich als große Hilfe bei der Erstellung des Fragebogens.

Die in der Gruppendiskussion generierten Ergebnisse sind nicht generalisierbar, weshalb sie im Fragebogen weitestgehend getestet wurden. Lediglich die Annahme, dass eigene Instrumente mitgenommen werden sollen, wurde gemacht. Außerdem wurde die neue Hypothese, Konzerte während der Reise zu veranstalten, generiert, die in den Fragebogen aufgenommen werden sollte. Die generierten Antwortkategorien zur Frage „Wie viele Stunden möchtest Du auf der Musik-Reise idealerweise an einem Tag in gemeinsamen Proben musizieren?", die zu weiteren Aktivitäten des Freizeitprogramms, Workshopthemen, Betreuung und Reisemotiven wurden ebenfalls benutzt.

Ein Teil des der Untersuchung vorausgehenden Informationsbedarfs, die nach der Sekundärforschung offengebliebenen Fragen, hat die Gruppendiskussion geliefert. Die bleibenden Informationslücken sind der Ausgangspunkt für die folgende Befragung.

## 5.3 Befragung

Im Folgenden wird die Methode der Erhebungsart schriftlichen Befragung vorgestellt, das Untersuchungsdesign dargestellt und die Ergebnisse präsentiert und diskutiert.

### 5.3.1 Methode

Die Befragung ist eine weitere Erhebungsmethode, die in den Bereich der Primärforschung fällt. Hierbei werden Personen Fragen gestellt, mit denen Informationen über ein gewisses Thema gesammelt werden sollen. Zu Beginn stellt sich die Frage, auf welche Datenbasis sich die Befragung stützen soll. Bei einer Vollerhebung wird die ganze Grundgesamtheit, also alle Personen, befragt, die hinsichtlich des Untersuchungsgegenstandes relevante Aussagen treffen können. Eine Teilerhebung erfasst nur eine Stichprobe aus der Grundgesamtheit. Die Stichprobe ist repräsentativ „wenn sie in der Verteilung aller untersuchungsrelevante[n] Merkmale der Gesamtmasse entspricht [...]" (Berekoven u. a., 2006, S. 51). Dann kann von den Ergebnissen der Teilerhebung auf die Grundgesamtheit geschlossen werden. Es gibt zwei verschiedene Auswahlverfahren der Stichprobe. Für eine Zufallsauswahl gilt, dass jede Person der Grundgesamtheit die gleiche Chance hat, in die Stichprobe zu gelangen. Es wird hierbei zwischen einer einfachen, reinen Zufallsauswahl, einer geschichteten Zufallsauswahl und der Klumpenauswahl unterschieden[2]. Bei der bewussten Auswahl wird die Stichprobe gezielt und wissend ausgewählt. Zu diesem Auswahlverfahren zählen das Quota- und Cut-off-Verfahren und die typische Auswahl[3]. (Berekhoven u. a., 2006, S. 49-63). Zu den Nicht-Zufallsverfahren zählen Hüttner und Schwarting auch noch die willkürliche Auswahl. Hierbei wird die Stichprobe willkürlich, ohne Muster ausgewählt. In diesen Bereich fällt auch der Aspekt der „sich selbst wählende[n] Stichprobe" (Hüttner und Schwarting, 2002, S. 125).

---

[2] für ausführliche Erläuterungen siehe Berekoven u.a., 2006, S. 52-55
[3] für ausführliche Erläuterungen siehe Berekoven u.a., 2006, S. 55-58

Laut Weis und Steinmetz (2012a, S. 113) gibt es vier Arten der Befragung: die schriftliche Befragung, die mündliche Befragung, die Telefonbefragung und die internetbasierte Befragung. Für das weitere Verfahren sind lediglich die schriftliche Befragung und die internetbasierte Befragung relevant.

Bei der schriftlichen Befragung werden wiederum zwei Formen unterschieden: die traditionelle schriftliche Befragung und Fax-Befragung, letztere ist für den weiteren Verlauf unwesentlich. Bei den traditionellen schriftlichen Befragungen werden den potentiellen Teilnehmern im Normalfall die Fragebogen per Post zugeschickt, wahlweise kann der Fragebogen auch persönlich ausgestellt und dann wieder eingesammelt werden. Die Antwortquote variiert hier je nach Thematik und der Zusammensetzung der Stichprobe. Nachteile können sein, dass Fragen nicht richtig verstanden oder nicht in der richtigen Reihenfolge beantwortet werden oder dass andere dem Ausfüllenden helfen oder ihn beeinflussen (Weis und Steinmetz, 2012a, S. 118 f.). Ein weiterer Nachteil ist die geringe Rücklaufquote. Vorteile sind die niedrigen Kosten (Koch, 2004, S. 71).

Bei den internetbasierten Befragungen gibt es unter anderen die Form der www-Befragungen. Hier steht der Fragebogen im Internet. Um Personen aus der Grundgesamtheit auf den Fragebogen hinzuweisen, kann der Link zusätzlich auf Portalseiten und ähnliche Seiten gesetzt werden (Koch, 2004, S. 77). Das Problem der Selbstselektion besteht, was bedeutet, dass potentielle Teilnehmer selber entscheiden können, ob sie an der Umfrage teilnehmen oder nicht (Weis und Steinmetz, 2012a, S. 131) (Koch, 2004, S. 75). Die Stichprobe wird nicht nach einem gewissen Auswahlverfahren bestimmt. Diese Art der Befragung ist selten repräsentativ, da nicht jeder aus der Grundgesamtheit mit gleicher Wahrscheinlichkeit in die Stichprobe gelangen kann (Koch, 2004, S. 75).

Der Ablauf der Befragung sieht wie folgt aus: Zunächst wird das Befragungsziel festgelegt. Dafür wird Sekundärliteratur analysiert und ausgewertet. Daraufhin wird der Fragebogen konstruiert und entwickelt und die Stichprobe ausgewählt. Die Feldphase der Befragung schließt sich an. Bei Eingang von ausgefüllten Fragebogen müssen diese zunächst kontrolliert, aufgearbeitet und meist mit Hilfe von computergestützter Datenanalyse interpretiert werden. Zuletzt werden die Ergebnisse präsentiert (Weis und Steinmetz, 2012a, S. 141).

Es soll nun detaillierter auf die Fragebogengestaltung eingegangen werden. Hinsichtlich der Fragemethode wird zwischen offenen und geschlossenen Fragen, direkten und indirekten sowie projektiven und assoziativen Fragen unterschieden. Offene Fragen sind ohne feste Antwortvorgabe, die Befragten sollen nach eigener Kenntnis antworten (Koch, 2004, S. 80). Sie werden eingesetzt, wenn die Bandbreite der Antwortmöglichkeit im Vorfeld nicht abzuschätzen ist oder es besonders wichtig ist, dass die befragten Personen nicht durch Antwortkategorien beeinflusst werden (Berekhoven u. a., 2006, S. 101). Bei geschlossenen Fragen wiederum sind Antwortkategorien vorgegeben. Geschlossene Fragen werden dann eingesetzt, wenn alle möglichen Antworten eingeschlossen werden sollen oder in Fällen, wo bei offenen Fragen vielleicht keine Antwort gegeben würde, weil der Befragte die Antwort aufgrund von Informationslücken nicht kennt oder weil er seine Meinung nicht preisgeben möchte. Die Gefahr von geschlossenen Fragen liegt in dem wahllosen Ankreuzen von Antworten (Weis und Steinmetz, 2012a, S. 145). Bei direkten Fragen wird direkt nach einem offensichtlichen Sachverhalt gefragt. Bei indirekten Fragen ist zunächst kein Zusammenhang zum Ziel der Frage erkennbar. Projektive Fragen arbeiten oftmals mit Bildern, assoziative Fragen zielen auf spontane, qualitative Sachverhalte ab (Koch, 2004, S. 80 f.). In Bezug auf die Befragungssteuerung werden Sach- und Steuerungsfragen unterschieden. Sachfragen beinhalten Faktfragen, Wissensfragen und persönliche Fragen. Zu den Steuerungsfragen zählen vorerst die Kontakt- und Eisbrecherfragen, die gewöhnlich die ersten Fragen des Fragebogens darstellen und einfach und neutral gestellt werden sollten. Überdies gibt es sogenannte Übergangs- und Vorbereitungsfragen, die die Befragten gedanklich auf die nächste Frage vorbereiten sollen. Des weiteren gehören Ablenkungs- und Pufferfragen, Motivationsfragen, Kontrollfragen und Fragen zur Person in den Bereich der Befragungssteuerung (Weis und Steinmetz, 2012a, S. 148 f.).

Die Antworten liegen auf bestimmten Skalen. Nominalskalen sind „Skalen, die lediglich die Zuordnung bzw. Nichtzuordnung (Ja/Nein) vornehmen können“ (Weis und Steinmetz, 2012a, S. 151). Antwortmöglichkeiten einer Ordinalskala unterliegen einer gewissen Rangordnung. Bei Intervallskalen haben die Antwortkategorien einen messbar gleichen Abstand voneinander (Weis und Steinmetz, 2012a, S. 151 f.).

Die Frageformulierung sollte den Richtlinien Einfachheit, Eindeutigkeit und Neutralität folgen (Koch, 2004, S. 85).

### 5.3.2 Durchführung

Bei der im Rahmen der vorliegenden Arbeit erfolgten schriftlichen Befragung wurden sowohl eine Online-Umfrage erstellt als auch Fragebogen in gedruckter Papierform benutzt. Die Erstellung des Online-Fragebogens erfolgte mit dem Programm „google docs“. Der Link zum Fragebogen wurde in verschiedene Gruppen in dem sozialen Netzwerk Facebook gesetzt. Der Fragebogen in Papierform wurde in verschiedenen Schulen und Musikschulen in Bremen, Viersen und Mönchengladbach verteilt. Schon aus der *Survey Jugend 2011 Baden-Württemberg* ist bekannt, dass 68% der Jugendlichen Musikvereine bzw. -schulen an ihrem Ort kennen, 26% nutzen diese Musikangebote einmal oder mehrmals wöchentlich. Ferner weist die Studie darauf hin, dass mehrheitlich Gymnasiasten – 52% - ein Musikinstrument spielen oder Musik machen (Gütersloh und u.a., 2011, S. 40 f.). Deswegen wurden neben Musikschulen auch Arbeitsgemeinschaften, Orchester, Chöre und Bands von Gymnasien angesteuert.

Den Fragebogen finden Sie im Anhang auf Seite 17.

Das Befragungsziel war es, die Lücken, die sich nach der Sekundärforschung und der qualitativen Primärforschung in Form der Gruppendiskussion ergaben, zu schließen.

Die Fragebogenentwicklung basierte dementsprechend auf den Ergebnissen der Sekundärforschung und der Gruppendiskussion. Aspekte, die weder in der Sekundärforschung noch in der Gruppendiskussion analysiert wurden, formten den Inhalt des Fragebogens. Zusätzlich sollten gewonnene Ansichten und Meinungen von Jugendlichen verifiziert oder falsifiziert werden. Hinsichtlich der Frageformen wurden sowohl offene als auch geschlossene Fragen verwendet. Offene Fragen vor allem dann, wenn die Ausmaße der Antworten vorher nicht abzusehen war, wie beispielsweise bei dem Wunsch nach Berufsmusikern oder der Frage nach der maximalen Gruppengröße. Bei der Skalierung der geschlossenen Fragen lassen sich nominale und ordinale Skalen finden. Aus den Studien *Urlaubsreisen der Jugendlichen, deutsche Kinder- und Jugendreisen 2008* und der *Tourismusanalyse 2012* wurden die Antwortkategorien der Fragen nach der Länge der Reise und den Destinationen übernommen, die der Freizeitaktivitäten nur aus der Studie *Urlaubsreisen der Jugendlichen*. Außerdem wurden beispielhafte Wochenprogramme von Sprach- und Sportreisen anderer Jugendreiseveranstalter herangezogen, um Ideen für Freizeitaktivitäten zu erlangen. Diese Programme lieferten zudem einen guten Überblick über den grundsätzlichen Ablauf einer Jugendreise. Die Antwortkategorien der Destinationen und Freizeitaktivitäten wurden zusätzlich mit Aspekten aus der Gruppendiskussion ergänzt. Ob die weiteren Freizeitaktivitäten wie beim Musikcamp der AWO Saarland Musik thematisieren sollen, wird mit der Frage nach der Aktivität „Konzertbesuche" herausgefunden. Die Mehrheit der zur Auswahl stehenden Workshops entstammt der von Ruf angebotenen Bandcamp-Reise. Das Workshopangebot wurde durch Vorschläge aus der Gruppendiskussion und Ideen der Verfasserin ergänzt. Die Antwortmöglichkeiten bei der Frage nach den Hauptbeweggründen, an einer Musik-Reise teilzunehmen, entstammen zum Teil aus der Gruppendiskussion. Nach den Frageblöcken zum grundsätzlichen Rahmen der Musik-Reise und den Inhalten folgen zum Schluss sozio-demografische Fragen wie das Geschlecht, Alter, Wohnort und der besuchten Schule. Diese wurden ergänzt durch Fragen zum musikalischen Verhalten der Jugendlichen. Bei der Wortwahl und Ausdrucksweise wurde auf eine einfache, eindeutige und neutrale Formulierung geachtet. Sie sollte abgestimmt sein auf die Zielgruppe der Jugendlichen, die somit alles verstehen können.

Der entstandene Fragebogen wurde von acht Personen getestet. Daraufhin wurde die Frage nach dem Preis einer Musik-Reise herausgenommen, da die Fragebogentester der eindeutigen Meinung waren, diese könne von den Jugendlichen nicht angemessen beantwortet werden. Außerdem entfiel die Frage nach der Unterkunft und für wen Konzerte veranstaltet werden könnten.

Des Weiteren wurden einige Fragen umformuliert und Antwortkategorien geändert, ausgefertigt oder mit „weiß nicht“ ergänzt.

Zur Grundgesamtheit dieser Umfrage zählen wie schon bei der Gruppendiskussion alle Jugendlichen in Deutschland, die zwischen 14 und 17 Jahre alt sind und ein Musikinstrument spielen oder singen. Ende 2011 gab es in Deutschland 3.207.185 Jugendliche. Wenn der Annahme gefolgt wird, dass 25% der Jugendlichen ein Musikinstrument spielen, wobei bei der *JIM-Studie 2011* zwölf bis 19-jährige befragt wurden, ergibt das eine Grundgesamtheit von ca. 801.800 Jugendlichen. Aus Kosten- und Zeitgründen kam eine Vollerhebung im Zuge dieser Arbeit nicht in Frage. Stattdessen fand eine Teilerhebung statt. Das Stichprobenverfahren hinsichtlich der Fragebogen in Papierform kann einer willkürlichen Auswahl zugeordnet werden. Zwar wurden nur ausgewählte Schulen besucht, diese Auswahl unterlag jedoch keinem Muster. Wie schon oben erwähnt gibt es bei Fragebogen im Internet wie auch bei der willkürlichen Stichprobenauswahl das Problem der Selbstselektion, sodass kein Auswahlverfahren bestimmt werden kann. Online wurde jede Gruppe bei Facebook angefragt, die unter der Stichwortsuche „Musikschule“, „Jugendsinfonieorchester“, „Jugendblasorchester“, „Jugendchor“ und „Schulchor“ erschien. In den Gruppen, in die die Autorin aufgenommen wurde, konnte der Link mit der Bitte um Teilnahme gepostet werden. Die Gruppenmitglieder entschieden selbst, ob sie an der Umfrage teilnahmen. Aus diesen Auswahlverfahren lässt sich schließen, dass die Umfrage bedingt repräsentativ ist.

Die Datenerfassung dauerte vom 1. bis zum 31. November 2012. In dieser Zeit sind 278 Fragebogen eingegangen, davon 115 in Papierform. Die Rücklaufquote bei der gedruckten Form beträgt ca. 55%, 115 von 210 verteilten Fragenbogen sind ausgefüllt zurückgekommen.

Die Datenanalyse erfolgte mithilfe des Programms SPSS (Version 14). Die Antworten auf offene Fragen wurden eigenständig gruppiert, bei geschlossenen Fragen wurden zur Bewertung Kenngrößen der deskriptiven Statistik verwendet. Die Ergebnisse werden mit Häufigkeitstabellen dargestellt, eventuelle Beziehungen in Kreuztabellen aufgedeckt und die Stärke von Zusammenhängen mit Cramers V für nominale und mit dem Spearmannsche Korrelationskoeffizient für ordinale Variablen gemessen.

Im Nachhinein kann zur Qualität des Fragebogens Folgendes angemerkt werden. Einige Fragen sind möglicherweise missverständlich formuliert, sodass Jugendliche sie eventuell nicht wahrheitsgetreu beantworten konnten. Bei der Frage „Bist Du Mitglied in einer Band?“ z.B. ist nicht klar, dass jegliche Gruppe, also auch Orchester oder Chöre, gemeint sind. Außerdem fiel auf, dass der Begriff „Jamsession“ unter den Jugendlichen nicht geläufig ist. Ein weiteres Problem stellt dar, dass bei Angabe mehrerer Instrumente nicht ersichtlich ist, mit welchem der Jugendliche auf die Musik-Reise fahren würde. Grundsätzlich ist die Zielgruppe der Jugendlichen noch nicht so vertraut mit Fragebogen.

Die in der vorliegenden Studie gewonnenen Ergebnisse sollen nun präsentiert werden.

### 5.3.3 Ergebnisse

Im Folgenden sollen zunächst die sozio-demografischen Angaben der teilnehmenden Jugendlichen vorgestellt werden. Daraufhin schließt sich die Präsentation der Ergebnisse der einzelnen Fragen an.

Eine vollständige Übersicht aller Ergebnisse finden Sie im Anhang ab Seite 26.

Insgesamt haben 278 Personen den Fragebogen ausgefüllt. Davon konnten aufgrund des Altersrahmens nur 238 gültige Antworten zur Stichprobe gezählt werden. Von dieser Stichprobe sind 70,6% weiblich und 27,7% männlich. Die Altersverteilung ist in der folgenden Abbildung dargestellt.

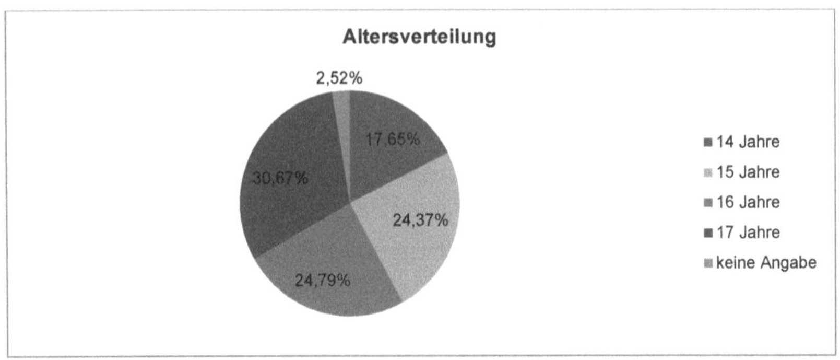


**Abbildung 2: Altersverteilung der befragten Jugendlichen, Angaben in relativen Häufigkeiten, N=238**

Ca. die Hälfte der Jugendlichen, 50,4%, kommt aus dem Bundesland Nordrhein-Westfalen, weitere 13,5% aus Bremen und 11,8% aus Städten in Baden Württemberg.

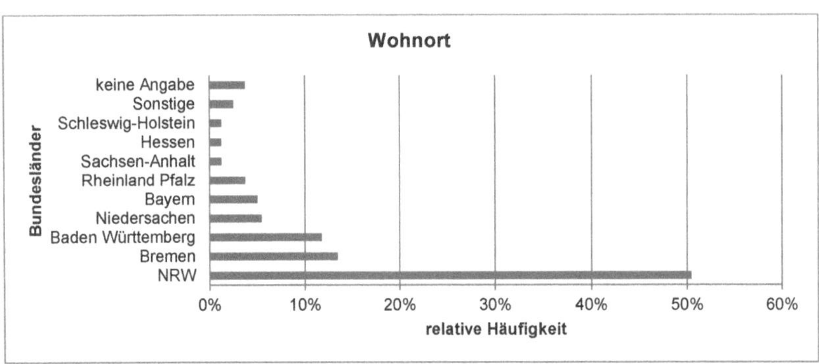


**Abbildung 3: Wohnorte der befragten Jugendlichen nach Bundesländern kategorisiert, Angaben in relativen Häufigkeiten, N=238**

Ein Anteil von 81,5% der teilnehmenden Jugendlichen besucht das Gymnasium. Es folgen die Schulformen Gesamtschule, Realschule und Berufsschule mit 6,3%, 5,5% und 4,2%. 77,3% der befragten Jugendlichen gehen zur Musikschule. Etwas mehr als die Hälfte der Jugendlichen, nämlich 58%, spielt in einer Band.

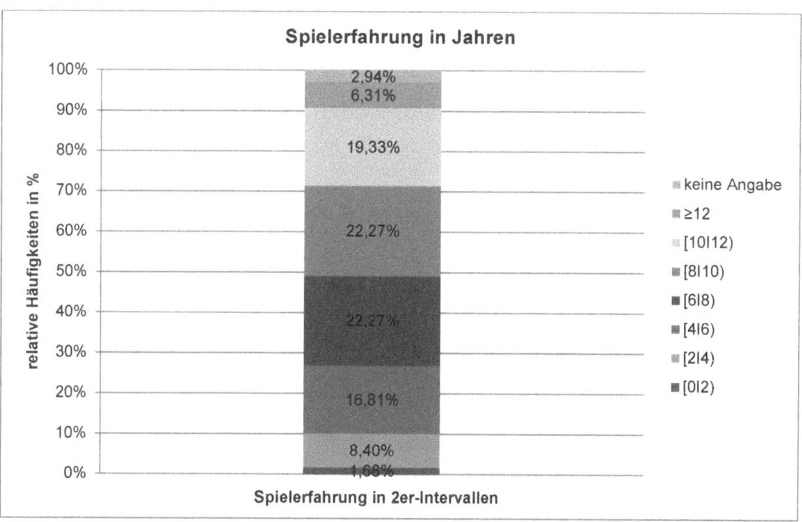


**Abbildung 4: Spielerfahrung der befragten Jugendlichen, Angaben in relativen Häufigkeiten, Jahre in Intervallen, N=238**

In Abbildung 4 wird gezeigt, wie lange die Jugendlichen ihr Instrument spielen. Die Angaben wurden in Intervallen gruppiert. Etwa die Hälfte der Jugendlichen spielt ihr Instrument schon seit bis zu acht Jahren.

Die Reiseintensität beträgt 94,0%. Fast alle Jugendlichen haben im Jahr 2011 mindestens eine Urlaubsreise unternommen. Davon sind 26,0% zwei Urlaubsreisen angetreten. Im letzten Urlaub haben 39,1% der befragten Jugendlichen musiziert.

Hinsichtlich der Instrumente, die die Jugendlichen spielen, ist das Sortiment sehr groß. Dies liegt vor allem daran, dass viele der befragten Jugendlichen mehr als ein Instrument spielen. Der Einfachheit halber werden hier nur die zehn meist genannten Instrumente dargestellt. Eine komplette Übersicht ist im Anhang auf Seite 26 zu finden. 26,1% der Jugendlichen singen, weitere 21,4% spielen Klavier. Die Querflöte wird von 16,4% der befragten Jugendlichen gespielt, knapp dahinter liegt die Geige, die von 15,1% der Jugendlichen genannt wurde. 10,9% der Jugendliche spielen die Trompete, 9,7% das Saxophon, wozu alle Typen gezählt werden, und jeweils 8,8% der Jugendlichen die Klarinette bzw. die Gitarre. 8,0% der Jugendlichen spielen das Cello, die Posaune wird von weiteren 5,5% gespielt.

Fast 80% der an der Umfrage teilnehmenden Jugendlichen können sich grundsätzlich vorstellen, an einer Musik-Reise teilzunehmen.

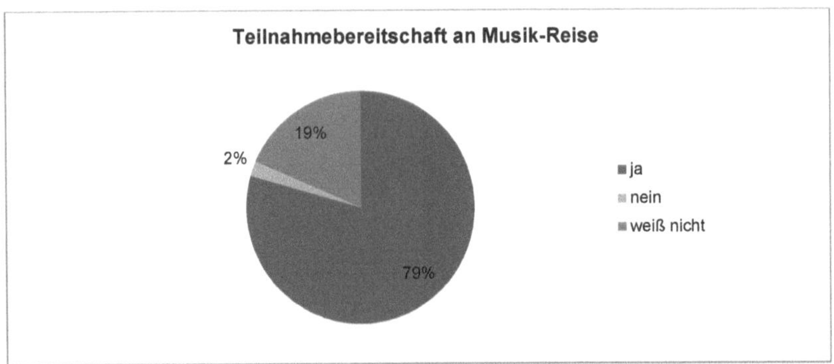


**Abbildung 5: Kannst Du Dir grundsätzlich vorstellen, an einer Musik-Reise teilzunehmen?, Angaben in relativen Häufigkeiten, N=238**

Die Antworten zu den Gründen, die für die Teilnahme an einer Musik-Reise sprechen, wurden in Kategorien gruppiert und sind der Abbildung 6 zu entnehmen.

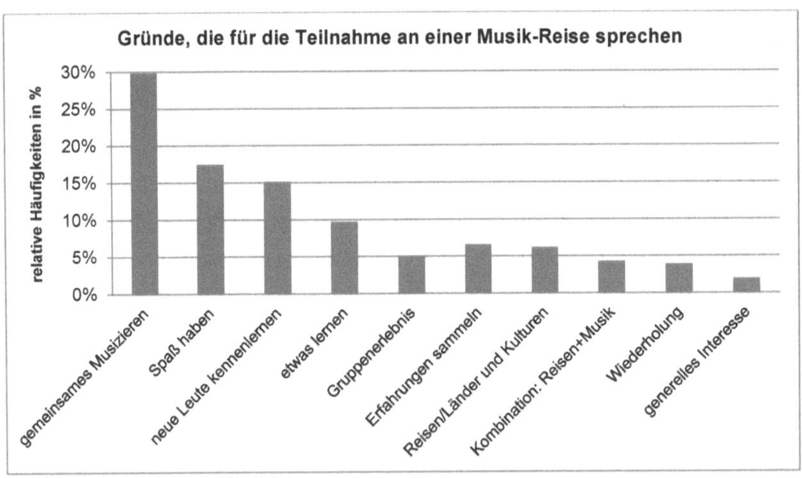


**Abbildung 6: Gründe, die für die Teilnahme an einer Musik-Reise sprechen, Angaben in relativen Häufigkeiten, N=258**

Gegen die Teilnahme an einer Musik-Reise spricht für einzelne, dass die Gruppe „blöd“ sein könnte, sie nicht den ganzen Tag musizieren wollen oder dass eine solche Reise zu anstrengend sei. Einer der Jugendlichen sieht ein mögliches Problem in der Niveauanpassung, ein anderer ist sich zu unsicher, da er Anfänger ist. Zwei der Jugendlichen geben an, dass sie im Urlaub eine Auszeit vom Instrument haben möchten.

Für 38,2% der Jugendlichen soll die Musik-Reise sieben Tage lang sein. 28,2% stimmen für einen Zeitraum von zehn Tagen, für 11,3% soll sie weniger als sieben Tage dauern. Bei der Frage nach der Reisezeit, wobei Mehrfachnennungen möglich waren, fällt ein Anteil von 62,6% auf die Herbstferien. Als sonstiger Zeitraum wurden von sechs Jugendlichen verlängerte Wochenenden genannt.

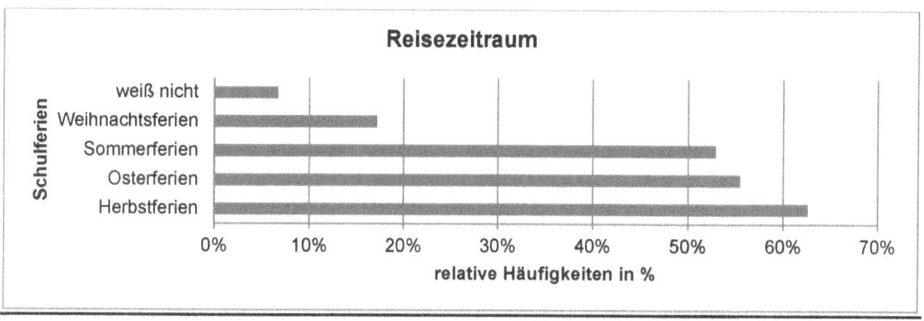


**Abbildung 7: In welchen Schulferien würdest Du an einer Musik-Reise teilnehmen?, Angaben in relativen Häufigkeiten, N=238**

94,5% der Jugendlichen würden neben der Musik-Reise im gleichen Jahr noch eine zusätzliche Reise unternehmen. Außerdem räumen 65,1% der Musik-Reise gegenüber der anderen Reise keinen höheren Stellenwert ein.

Bei den Destinationen, die die Musik-Reise zum Ziel haben könnte, erzielt Frankreich mit 54,6% der Jugendlichen, die dieses Land wählten, die meisten Antworten. Danach kommt Italien mit 44,1% und Großbritannien mit 39,9% der Jugendlichen, die sich für die jeweiligen Länder ausgesprochen haben. Erst dann folgt Spanien mit 37,8% positiven Antworten. Deutschland als Reiseziel wird von 31,9% der Jugendlichen gewählt. Die Niederlande stehen an neunter Stelle mit 20,6% der Jugendlichen, die sich dieses Land als Zielland einer Musik-Reise vorstellen können. 28,2% der Jugendlichen ist das Reiseziel egal.

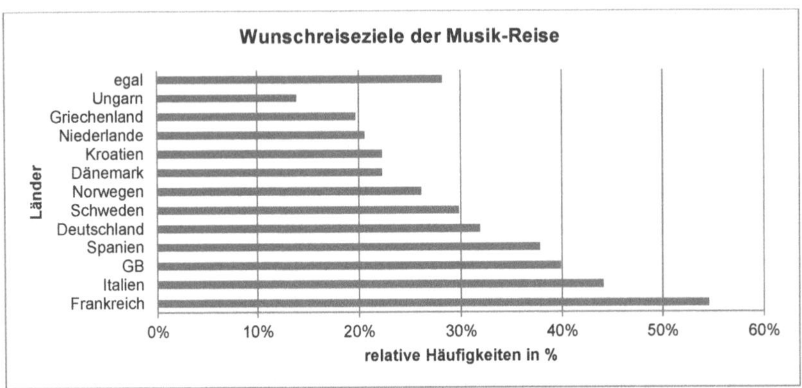


**Abbildung 8: Wohin sollte die Musik-Reise gehen?, Angaben in relativen Häufigkeiten, N=238**

Bei den sonstigen Destinationen werden die USA von zehn Jugendlichen genannt. Sieben Jugendliche schlagen Österreich als Ziel einer Musik-Reise vor, jeweils drei Jugendliche die Türkei, China oder Russland.

80,3% der Jugendlichen ist es wichtig, dass sie mit einer Freundin oder einem Freund an der Musik-Reise teilnehmen.

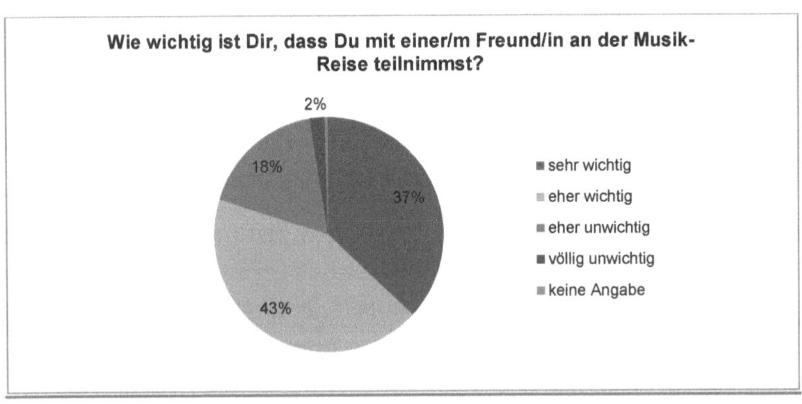


**Abbildung 9: Wie wichtig ist Dir, dass Du mit einer/m Freund/in an der Musik-Reise teilnimmst?, Angaben in relativen Häufigkeiten, N=238**

Ca. die Hälfte – 47,9% – der Jugendlichen sieht Musikstudenten als wichtige fachliche Betreuer einer Musik-Reise. Ebenfalls etwa der Hälfte der Jugendlichen ist es wichtig, dass Hobbymusiker eine Musik-Reise zusätzlich zu den üblichen Betreuern begleiten. Ausgebildete Instrumentallehrer für verschiedene Instrumentengruppen halten knapp 80% der Jugendlichen für wichtige Betreuer, wobei der Anteil von sehr wichtigen und eher wichtigen Einschätzungen ungefähr gleich verteilt ist. 65,5% der Jugendlichen ist es wichtig, dass ein Bandleiter auf der Reise mitfährt. Für 26,9% ist dies sehr wichtig, für die weiteren 37,4% eher wichtig.

Frage elf beschäftigt sich mit der maximalen Gruppengröße, in der die Jugendlichen auf einer Musik-Reise gemeinsam musizieren wollen. Diese reichte von fünf bis zu 200 Personen. Die Antworten wurden in Zehner-Intervalle gruppiert.

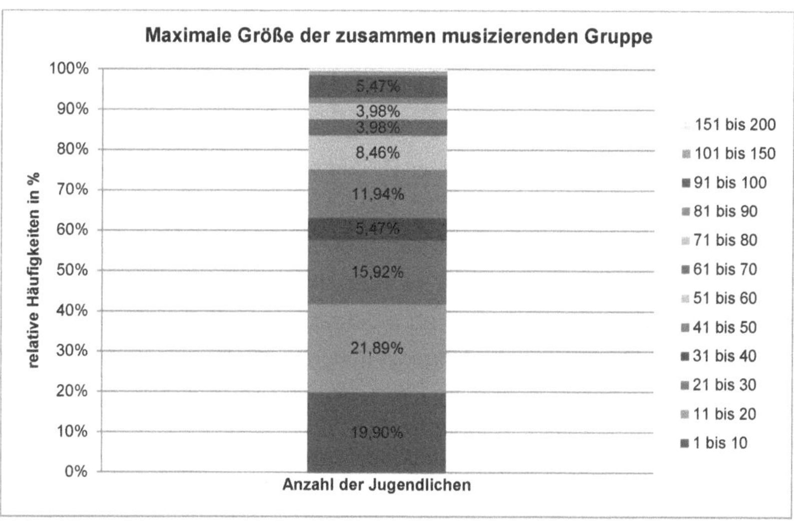


**Abbildung 10: Wie viele Jugendliche sollten Deiner Meinung nach bei der Musik-Reise innerhalb einer Probe maximal zusammen musizieren?, Angaben in relativen Häufigkeiten, Anzahl der Jugendlichen in Intervallen, N=201**

Der Abbildung ist zu entnehmen, dass über die Hälfte der Jugendlichen eine Gruppengröße von maximal 30 Personen angeben. Eine knappe Mehrheit von ca. 22% wünscht sich eine Gruppe, in der elf bis 20 Jugendlichen zusammen musizieren.

43,3% der Jugendlichen möchten vier bis sechs Stunden pro Tag in gemeinsamen Proben musizieren. Weitere 37,8% dagegen bevorzugen zwei bis vier Stunden täglich. Fast alle, ein Anteil von 93,7%, möchten, dass die Gruppe auf der Musik-Reise eigene Konzerte gibt. Davon wünschen sich 41,6% nur ein Abschlusskonzert, weitere 34,9% würden zwei Konzerte pro Woche geben wollen.

60,5% der Befragten ist es unwichtig, dass ein bekannter Berufsmusiker die Jugendlichen auf der Musik-Reise besucht. Bei der Frage, welcher Berufsmusiker es sein sollte, fielen die Antworten sehr unterschiedlich aus. Auf der einen Seite wurden bestimmte Wunschcharakteristika genannt, wie beispielsweise ein gewisser Bekanntheitsgrad oder das Instrument, welches der Berufsmusiker spielen sollte. Auf der anderen Seite nannten die Jugendlichen konkrete Namen von Musikern. Diese Musiker werden ebenfalls nach Instrumenten kategorisiert. 24,5% der Jugendlichen gaben Namen von Geigern an, hiervon wünscht sich ein Anteil von 19,1% David Garrett. 10,6% der Jugendlichen möchten eine/n Sänger/in, wie z. B. Justin Bieber. Trompeter werden von 7,4% der Jugendlichen gewünscht. Davon nannten 3,2% der Jugendlichen den Trompeter Till Brönner. Flötisten, Schlagzeuger, Tubisten, wie z. B. Wilfried Brandstötter, und Pianisten wurden hier und da vorgeschlagen. Ebenfalls jeweils ein paar Jugendlichen möchten, dass sie ein DJ oder Dirigent auf der Musik-Reise besucht. Vereinzelt wurden Cellisten und Gitarristen angegeben.

In der nächsten Frage wurden einige Workshops aufgelistet, die auf einer Musik-Reise angeboten werden könnten. Die Jugendlichen sollten entscheiden, ob sie an diesen teilnehmen würden oder nicht. 69,3% der Jugendlichen würden an dem Workshop zu Technik und Ansatz wahrscheinlich teilnehmen, wovon ca. jeweils die Hälfte die Teilnahme als sehr wahrscheinlich und eher wahrscheinlich einschätzt. Der Workshop zu landestypischer Musik ist weniger beliebt. 51,2% halten ihre Teilnahme für unwahrscheinlich. Die Teilnahme der Jugendlichen beim Workshop Improvisation hingegen ist wahrscheinlich. Für 33,6% ist die Teilnahme sehr wahrscheinlich, für weitere 34,9% eher wahrscheinlich. Eine Mehrheit von 58,4% nimmt unwahrscheinlich an dem Workshop zum Thema Musiktheorie teil. Das Interesse an dem Workshop Jamsession ist sehr unterschiedlich. Für fast die Hälfte der Jugendlichen, einem Anteil von 47,5%, ist die Teilnahme wahrscheinlich. Von diesen Jugendlichen wählen 24,4% die Option sehr wahrscheinlich. Für die weiteren 39,9% ist die Teilnahme unwahrscheinlich, wovon 26,1% ihre Teilnahme als eher unwahrscheinlich einschätzen. Die Teilnahme am Workshop Tanz ist für mehrheitliche 48,8% der Jugendlichen unwahrscheinlich. Eine knappe Mehrheit von 54,2% hält ihre Teilnahme am Workshop Beat & Rhythm Training für wahrscheinlich.

Der folgende Teil fragt nach der Relevanz einzelner Freizeitaktivitäten. Für 77,3% der Jugendlichen ist „zum Strand gehen“ wichtig, wovon 44,5% dies sehr wichtig finden. Ein Anteil von 61% der Jugendlichen gibt an, dass „Wellness“ im Freizeitprogramm einer Musik-Reise unwichtig ist. Die Aktivität „Handwerklich, künstlerisch Kreatives“ ist für 67,2% unwichtig, wovon 41,6% es eher unwichtig finden. „Sport“ ist für 65,5% der Jugendlichen wichtig. Hier stufen 39,9% es als eher wichtig ein. „Wandern“ als Aktivität im Freizeitprogramm ist für 74,8% unwichtig, wovon etwa der gleiche Anteil auf eher unwichtig und völlig unwichtig fällt. „Ausflüge zu Naturattraktionen“ sind für 60% unwichtig. Ebenfalls eine Mehrheit von 52,9% der Jugendlichen gibt an, dass „Ausflüge zu historischen Sehenswürdigkeiten“ für sie unwichtig sind. „Stadtbesichtigungen, Stadtrallyes“ sind unter den befragten Jugendlichen für ca. jeweils die Hälfte wichtig bzw. unwichtig. Ein Anteil von 61,8% findet, dass „Shoppen“ eine wichtige Aktivität im Freizeitprogramm einer Musik-Reise darstellt. „Museumsbesuche“ sind für 80,7% der Jugendlichen unwichtig, wovon 49,6% sie eher unwichtig finden. Für 68,5% der Jugendlichen ist das „Genießen von landestypischen Spezialitäten“ wichtig. Als eher wichtig stufen es davon 43,7% ein. Ein Anteil von 71% antwortete, dass „Partys innerhalb der Anlage“ im Freizeitprogramm einer Musik-Reise wichtig sind, wovon ca. die Hälfte je wichtig und eher wichtig wählt. „Disko-Besuche“ sind für jeweils etwa die Hälfte wichtig bzw. unwichtig. Für 60,1% der Befragten sind „Themenabende wie Quiznights, Karaoke, Movienights, Pokernights usw.“ wichtig. Ebenfalls 60,1% der Jugendlichen geben an, dass „Besuche von Konzerten“ wichtig sind. Für knapp mehr als die Hälfte der Jugendliche, 50,4%, ist „Ausruhen und viel schlafen“ unwichtig. Die letzte aufgelistete Aktivität „Zeit für mich“ ist für 60,1% der befragten Jugendlichen unwichtig im Freizeitprogramm einer Musik-Reise.

Der nächste Fragenblock beinhaltet Vorschläge zur Programmgestaltung der Musik-Reise, über die die Jugendlichen abstimmen sollten. Eine Mehrheit von 68,9% der Jugendlichen möchte ein klar strukturiertes Programm mit festen Zeiten. Des Weiteren bevorzugen 78,6% verpflichtende Probeeinheiten. Bei der Dauer einer Probeeinheit wählt jeweils etwa die Hälfte der Jugendlichen 1,5 oder zwei Stunden. Bei der Frage, ob im Rahmen von Probeeinheiten nur vormittags, nur nachmittags oder einmal vormittags und einmal nachmittags musiziert werden soll, geben 66,8% an, dass sie das Konzept mit einer Einheit am Vormittag und einer am Nachmittag vorziehen. Weitere 26,5% möchten, dass die Probeeinheiten nur vormittags stattfinden. 84,9% der Jugendlichen wählten die Möglichkeit des selbstständigen Musizierens ohne Anleitung. Für 46,2% soll die erste Probe- bzw. Freizeit- oder Workshopeinheit täglich um 10:00 Uhr beginnen. 34,0% stimmen für einen Start des Programms um 9:00 Uhr. Bei der Frage zum Wochenrhythmus wählten 45,8% der Jugendlichen, dass aufeinanderfolgende Tage unterschiedlich strukturiert sein sollen. Für weitere 34,0% soll die Woche mindestens einen freien Tag enthalten. Obwohl bei dieser Frage keine Mehrfachnennung erlaubt war, kreuzten 6,7% der Jugendlichen beide der vorhergehenden Antwortmöglichkeiten an. Als sonstige Wochenrhythmen werden des Öfteren eine Kombination aus „jeder Tag ist gleich strukturiert“ und „in der Woche gibt es mindestens einen freien Tag“ vorgeschlagen. Außerdem wird angemerkt, dass täglich andere Stücke und Workshops angeboten werden sollen. Dass es am Wochenende, vor allem sonntags, mehr Freizeit geben soll, schlagen drei weitere Jugendliche vor. Ein anderer Jugendlicher stellt heraus, dass die Proben einer festen Struktur unterliegen sollen, die Freizeit jedoch flexibel gestaltet werden soll.

Die folgende Frage stellt mögliche Hauptbeweggründe vor, an einer Musik-Reise teilzunehmen, und die Jugendlichen wurden darum gebeten, die für sie zutreffenden Gründe auszuwählen. Die Skala reicht von „zutreffend“ über „eher zutreffend“ und „eher unzutreffend“ zu „unzutreffend“. In der folgenden Darstellung werden die ersten bzw. die letzten beiden Kategorien in „zutreffend“ bzw. „unzutreffend“ zusammengefasst. Das gemeinsame Musizieren als Hauptbeweggrund trifft für fast alle der Jugendlichen zu, nämlich 94,9%. Neue Leute kennenlernen sehen 86,1% der Jugendlichen als Reisemotiv. 85,3% der befragten Jugendlichen sehen in der Teilnahme an einer Musik-Reise die Chance, etwas zu lernen bzw. sich zu verbessern. Für fast alle der Jugendlichen, 98,3%, trifft der Grund, Spaß zu haben, zu. Das Gruppenerlebnis wird von 86,6% der Jugendlichen als zutreffend eingeschätzt.

Zuletzt gibt der Fragebogen den Jugendlichen die Möglichkeit, eigene Ideen und Anregungen zu ergänzen. Hierbei wird darauf hingewiesen, dass die Gruppen, in denen die Jugendlichen musizieren, selbst wählbar sein sollen. Außerdem wird betont, dass die Begleiter nicht zu streng, motiviert und interessiert sein sollten. Ein Jugendlicher schlägt drei kürzere Probeeinheiten pro Tag vor. Diese sollen über den Tag verteilt werden: zwei vormittags und eine nachmittags oder umgekehrt. Hinsichtlich der Tagesstruktur wird ein zweiter Vorschlag gemacht, bei dem morgens und abends geprobt wird, sodass am Nachmittag Zeit für andere Aktivitäten bleibt. Des Weiteren werden die Aspekte der Versicherung der Instrumente und der Preis angesprochen. Der Preis sollte nicht zu hoch sein, vor allem um eine vorangehende Selektion von Jugendlichen zu vermeiden. Ein Jugendlicher wünscht sich Teilnehmer aus seiner Umgebung. Ferner soll es genügend Möglichkeiten geben, Leute kennenzulernen, sodass eine Cliquenbildung vermieden wird. Spaß sei die Hauptsache, die Musik-Reise sei keine Lernreise, das Musizieren solle ohne Zwang erfolgen – das sind Punkte, die ein anderer Jugendlicher herausstellt.

### 5.4 Diskussion der Ergebnisse

Das folgende Kapitel beinhaltet die Diskussion der Ergebnisse hinsichtlich Erklärungsversuchen, Vergleichen zur Sekundärforschung bzw. zur Gruppendiskussion und der Analyse von Zusammenhängen. Den vollständigen statistischen Datensatz mit allen Kennzahlen finden Sie im Anhang ab Seite 51.

Zu den demografischen Angaben der Jugendlichen soll Folgendes angemerkt werden: Der Grund dafür, dass die meisten Jugendlichen aus Nordrhein-Westfalen und Bremen kommen, liegt an dem Wohnsitz der Verantwortlichen der Umfrage. In diesen Städten wurde der Fragebogen auch in Papierform an Jugendliche verteilt.

Die Reiseintensität in dieser Stichprobe ist mit 94,0% sehr hoch. Wie schon durch die Sekundärliteratur bekannt, liegt die Reiseintensität meist über dem Durchschnitt der Gesamtbevölkerung. Auch der Anteil der Jugendlichen, die in ihrem letzten Urlaub musiziert haben, ist mit 39,1% unerwartet hoch.

Die Jugendlichen spielen sowohl Streich-, Blas- als auch Rhythmusinstrumente. Daher sind Interessen spezieller Instrumentengruppen in den Ergebnissen enthalten. Außerdem sind auch einige „exotische" Instrumente wie die Harfe oder die Marimba vorhanden.

Im Allgemeinen würden die Befragten an einer Musik-Reise teilnehmen. Dies ist hinsichtlich der grundliegenden Fragestellung positiv zu bewerten. Die Gründe dafür überschneiden sich teilweise mit den Hauptbeweggründen, die am Ende des Fragebogens abgefragt werden. Deswegen wurden eben diese Kategorien gebildet. Die Gründe gegen eine Teilnahme sind weniger direktes Desinteresse als Bedenken, die mit einer richtigen Kommunikation beseitigt werden können, da sie weitestgehend für die Musik-Reise nicht zutreffen.

Die meisten Jugendlichen möchten, dass die Musik-Reise sieben Tage dauert. Die durchschnittliche Reisedauer 2001 betrug 12,7 Tage, 2008 nur noch 9,8 Tage. Es scheint, dass sich die Reiselänge verkürzt. Das Ergebnis würde diese Tendenz bestärken. Außerdem machten die befragten Jugendlichen durchschnittlich 2,8 Urlaubsreisen im letzten Jahr und fast alle der befragten Jugendlichen (94,5%) würden neben der Musik-Reise ebenfalls eine zusätzliche Reise unternehmen. Sie machen also wahrscheinlich mehrere, aber dafür kürzere Reisen. Diese zusätzlichen Reisen haben laut Angaben der Jugendlichen im Vergleich zu der Musik-Reise mehrheitlich einen höheren Stellenwert. Dies lässt darauf schließen, dass die Musik-Reise eher nicht die Haupturlaubsreise der Jugendlichen sein würde. Mit dieser Annahme ist die Urlaubslänge von sieben Tagen zusätzlich zu erklären. Die Hypothese, dass es einen Zusammenhang zwischen dem Stellenwert der Musik-Reise und der gewünschten Reiselänge gibt, soll mit einem Chiquadrat-Test statistisch getestet werden. Der p-Wert ist mit p=0,000 signifikant, was heißt, dass eine Abhängigkeit zwischen den beiden Variablen besteht. Die Stärke des statistischen Zusammenhanges liegt mit einem Cramers V von 0,279 im mittleren Bereich. Es ist anzunehmen, dass der Stellenwert der Musik-Reise die gewünschte Reiselänge beeinflusst. Ist der Stellenwert der Musik-Reise im Vergleich zu den anderen Reisen niedriger, ist die gewünschte Reiselänge tendenziell kürzer, da die Musik-Reise in diesem Falle nicht die Haupturlaubsreise des Jugendlichen ist.

Bei der beliebtesten Reisezeit ist eine leichte Tendenz in Richtung Herbstferien zu erkennen. 62,6% würden in diesen Ferien an einer Musik-Reise teilnehmen. Es gibt eine Abhängigkeit zwischen der gewünschten Reiselänge und der bevorzugten Reisezeit (p=0,000; V=0,454). Es wird vermutet, dass die Wahl der Ferien die Reiselänge beeinflusst. Werden die Herbstferien gewählt, die normalerweise nur zwei Wochen lang sind, werden tendenziell auch kürzere Reiselängen angegeben.

Sowohl 2001, 2008 als auch 2011 war das beliebteste ausländische Ziel unter den Jugendlichen Spanien. Bei der vorliegenden Umfrage landet Spanien nur auf dem vierten Platz. An erster Stelle steht Frankreich, das 2001 auf dem dritten Platz lag. Italien liegt wie in den drei Studien auch auf dem zweiten Platz. Für Großbritannien wurde 2001 ein Trend prognostiziert, der mit diesen Ergebnissen bestätigt werden könnte. Ungefähr 40% der befragten Jugendlichen wählen Großbritannien als Ziel der Musik-Reise, wodurch dieses Land auf Platz drei liegt. 2008 waren die Niederlande noch das drittbeliebteste Land, von den an der vorliegenden Umfrage teilnehmenden Jugendlichen ist es auf Rang neun gewählt worden. Auch der Türkei wurde 2001 Potenzial vorhergesagt, was 2011 schon ersichtlich wurde. In dieser Umfrage beinhalteten die Antwortmöglichkeiten dieser Frage nicht die Auswahl Türkei. Jedoch geben drei Jugendliche die Türkei unter der Option Sonstiges an. Ebenfalls wurden den USA und Dänemark 2001 Chancen eingeräumt. Die USA wird von zehn Jugendlichen unter sonstige Reiseländer genannt. Mit einem Anteil von 22,3% der Jugendlichen, der sich für Dänemark ausspricht, landet das Land auf dem achten Platz. Ein Interesse für diese Länder ist also vorhanden. Der Sekundärforschung ist außerdem eine Zunahme am Interesse an innerdeutschen Zielen zu entnehmen. In dieser Umfrage wählen 31,9% Deutschland als Reiseziel, womit es auf Platz 5 liegt, was dieses Interesse bestärkt.

| | 2001 | 2008 | 2011 | 2012 |
|---|---|---|---|---|
| 1. Platz | Spanien | Spanien | Spanien | Frankreich |
| 2. Platz | Italien | Italien | Italien | Italien |
| 3. Platz | Frankreich | Niederlande | Türkei | Großbritannien |
| 4. Platz | - | Frankreich | Skandinavien | Spanien |

**Abbildung 11: Top Reisedestinationen der befragten Jugendlichen**

37,0% der Jugendlichen ist es sehr wichtig, 42,9% eher wichtig, dass sie mit einer/m Freund/in an der Musik-Reise teilnehmen. Dieses Ergebnis widerspricht dem der Gruppendiskussion. Während bei der Gruppendiskussion die Jugendlichen hauptsächlich der Meinung waren, dass sie auch ohne Freunde verreisen würden, ist es hier genau umgekehrt. Auf der anderen Seite deckt sich dieses Ergebnis mit dem aus der *Survey Jugend 2011*, wonach 93% der Jugendlichen ihre Ferien mit ihren Freunden verbringen möchten.

Auch die Ergebnisse hinsichtlich der Betreuer unterscheiden sich von den Resultaten der Gruppendiskussion. Ausgebildete Instrumentallehrer werden von fast 80% als wichtig eingestuft (38,7% sehr wichtig; 39,9% eher wichtig), wodurch sie die wichtigsten Betreuer zu sein scheinen. Es folgt der Bandleiter, der für 64,3% der Jugendlichen wichtig ist. Jeweils fast 48% finden Musikstudenten und Hobbymusiker wichtig, 40% unwichtig. Während Musikstudenten von 8,4% für sehr wichtig gehalten werden, liegt dieser Anteil bei Hobbymusikern bei 11,3%. Dafür liegt der Anteil von völlig unwichtigen Einstufungen bei letzterer Gruppe mit 11,8% höher als der der Musikstudenten (9,7% der Jugendlichen finden Musikstudenten völlig unwichtig). Musikstudenten und Hobbymusiker werden somit in etwa gleich bewertet. In der Gruppendiskussion hingegen sprachen sich die Jugendlichen eher gegen professionell ausgebildetes Fachpersonal aus und betrachteten Musikstudenten für vollkommen ausreichend qualifizierte Begleitung.

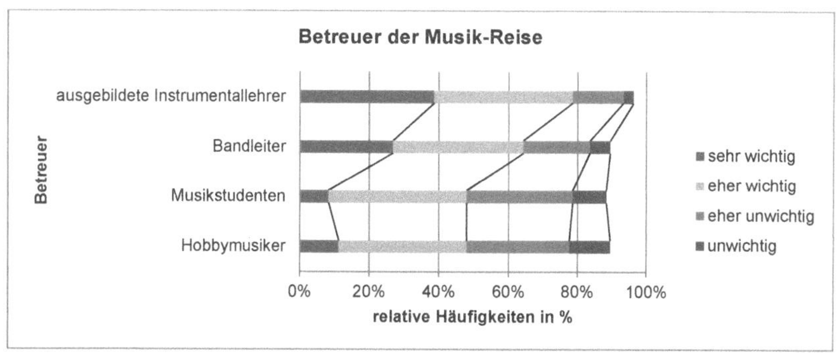


**Abbildung 12: Wie wichtig ist Dir, dass folgende fachliche Betreuer zusätzlich zu den üblichen Betreuern die Musik-Reise begleiten?, Angaben in relativen Häufigkeiten, N=238**

Die Präsenz eines Berufsmusikers auf der Musik-Reise scheint nicht so wichtig zu sein. Die von den Jugendlichen Genannten reichen von lokal bekannten zu weltberühmten Musikern. Viele deutsche Musiker sind dabei, aber auch einige aus dem Ausland. Im siebten Kapitel wird auf den Besuch von Berufsmusikern auf der Musik-Reise noch einmal eingegangen.

Die Workshops „Technik und Ansatz“ und „Improvisation“ sind die beliebtesten unter den befragten Jugendlichen. Beide zeigen einen Anteil von ungefähr 33%, für den die Teilnahme sehr wahrscheinlich ist, für weitere ca. 35% ist sie eher wahrscheinlich. Auch der Anteil derjenigen, für die die Teilnahme sehr unwahrscheinlich ist, ist mit 7,6% bzw. 7,1% sehr ähnlich. Es folgt der Workshop „Beat&Rhythm Training“ mit 54,2%iger wahrscheinlicher Teilnahme. Ebenfalls im Mittelfeld liegen die Workshops „Jamsession“ und „Tanz“. Die Workshops zu „landestypischer Musik“ und „Musiktheorie“ sind unter den Jugendlichen am unbeliebtesten. Für jeweils die Mehrheit ist die Teilnahme unwahrscheinlich. Außerdem ist der Anteil von Jugendlichen, für die die Teilnahme jeweils sehr unwahrscheinlich ist, mit 21,4% bzw. 27,3% relativ ähnlich.

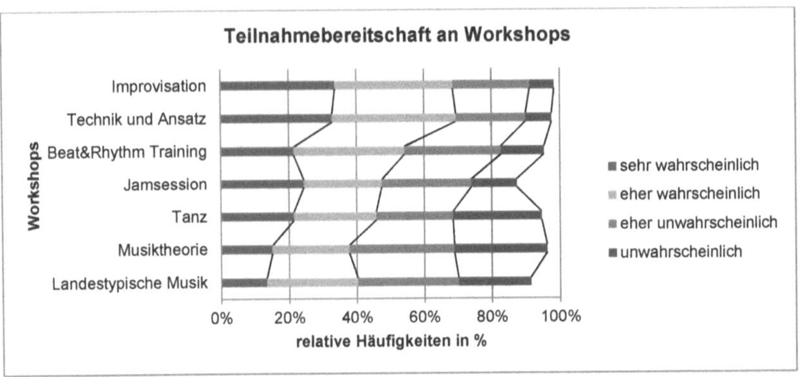


**Abbildung 13: Wie wahrscheinlich ist es, dass Du bei den jeweiligen Workshops teilnimmst?, Angaben in relativen Häufigkeiten, N=238**

Es soll überprüft werden, ob es statistische Zusammenhänge zwischen den einzelnen Workshops gibt, d. h., ob Jugendliche, die den einen Workshop präferieren, gleichzeitig auch einen oder mehrere andere bevorzugen. Um diesen statistischen Zusammenhang zu testen, wird der Spearmansche Korrelationskoeffizient benutzt. Im Folgenden werden nur signifikante Ergebnisse mit einem Korrelationskoeffizienten größer als 0,2 genannt. Der Zusammenhang zwischen dem Workshop „Technik und Ansatz" und „Musiktheorie" ist mit p=0,000 signifikant. Der Spearmansche Korrelationskoeffizient von r=0,326 gibt an, dass dieser Zusammenhang gleichsinnig und mittelmäßig stark ist. Daraus lässt sich schließen, dass Jugendliche, die an dem Workshop „Technik und Ansatz" teilnehmen würden, sich wahrscheinlich auch für den zur „Musiktheorie" interessieren. Ferner neigen Jugendliche, die sich für den Workshop „Improvisation" interessieren, tendenziell dazu, auch am Workshop „Jamsession" teilzunehmen (p=0,000; r=0,258). An dieser Stelle kann auch ein direkter Bezug zum kausalen Zusammenhang angefügt werden. Da bei Jamsessions viel improvisiert wird, ist das Interesse an beiden Workshops verständlich. Außerdem gilt: Je wahrscheinlicher die Teilnahme am Workshop „Improvisation", desto wahrscheinlich ist auch, dass diese Jugendlichen am Workshop „Beat&Ryhthm Training" teilnehmen (p=0,000; r=0,291). Gleiches zählt für die Workshops „Landestypische Musik" und „Musiktheorie" (p=0,000; r=0,239). Des Weiteren sollen die Workshops „Jamsession" und „Beat&Rhythm Training" betrachtet werden. Jugendliche, die am

Workshop „Jamsession“ teilnehmen würden, interessieren sich tendenziell auch für den Workshop „Beat&Rhythm“ (p=0,000; r=0,306). Ferner beeinflusst die Teilnahme am Workshop „Tanz“ die am Workshop „Beat&Rhythm Training“ tendenziell positiv (p=0,000; r=0,242).

Für die Freizeitaktivitäten soll ebenfalls ein Ranking erstellt werden.

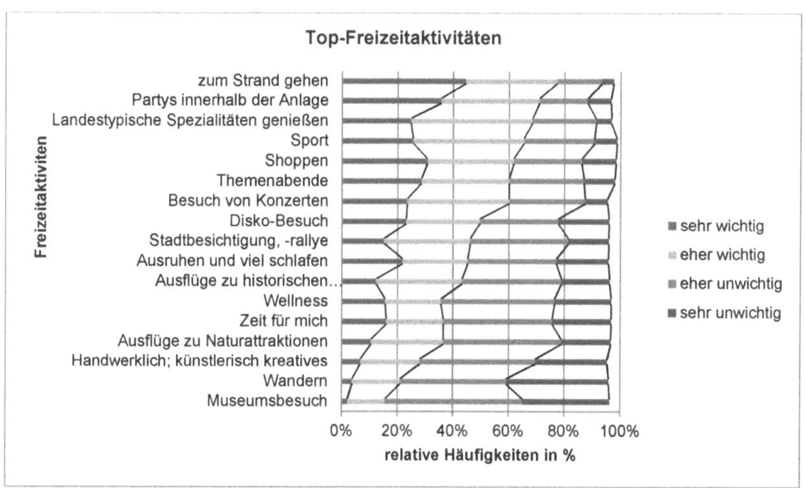


**Abbildung 14: Wie wichtig sind Dir die weiteren Aktivitäten im Freizeitprogramm einer Musik-Reise?, Angaben in relativen Häufigkeiten, N=238**

„Zum Strand gehen“ ist für die meisten Jugendlichen wichtig. Es folgen „Partys innerhalb der Anlage“. „Landestypische Spezialitäten genießen“ liegt an dritter Stelle. Knapp dahinter ist der „Sport“, darauf folgt „Shoppen“. Für jeweils 60,1% der Jugendlichen sind „Themenabende“ und „Besuche von Konzerten“ wichtig. Während einige Jugendliche mehr Themenabende im Gegensatz zu Besuchen von Konzerten als unwichtig einstuften, liegt der Anteil der Jugendlichen, die „Themenabende“ für sehr wichtig halten, ein bisschen höher als der der „Besuche von Konzerten“. „Themenabende“ und „Besuche von Konzerten“ wurden somit ähnlich bewertet. An dieser Stelle sei festgehalten, dass die Musik also auch in den Freizeitaktivitäten eine Rolle spielen kann bzw. soll. Danach platziert ist die Aktivität „Disko-Besuche“, gefolgt von „Stadtbesichtigung, -rallye“ und „Ausruhen und viel schlafen“. Die letzten beiden Aktivitäten sind wiederum ungefähr gleich bewertet. Zwar ist der Anteil von Jugendlichen, die „Ausruhen und viel schlafen“ für sehr wichtig halten, größer als der bei „Stadtbesichtigungen“, dafür ist der Anteil von Antworten der Kategorie „völlig unwichtig“ ebenfalls größer, sodass sich die Bewertung quasi ausgleicht. Es folgen die „Ausflüge zu historischen Sehenswürdigkeiten“. Den zwölften Platz teilen sich die Freizeitaktivitäten „Wellness“, „Zeit für mich“ und „Ausflüge zu Naturattraktionen“. Der Anteil von Jugendlichen, für die diese Aktivitäten wichtig bzw. unwichtig sind, sind für alle drei jeweils ca. 36% zu 60%. Bei der Verteilung der Kategorien gibt es zwar kleine Unterschiede, die sich im Rahmen der Bewertung jedoch ausgleichen. Als nächstes kommt die Aktivität „Handwerklich; Künstlerisch Kreatives“. Den vorletzten Platz nimmt „Wandern“ ein, zuletzt folgen „Museumsbesuche“. An dieser Stelle soll ein Blick auf mögliche Zusammenhänge zwischen dem Freizeit- und Urlaubsverhalten von Jugendlichen geworfen werden. Laut *JIM-Studie 2011* sind die beliebtesten drei Freizeitaktivitäten Freunde treffen, Sport und Ausruhen und nichts tun. Den Anspruch auf Sport und auf Ausruhen stellen die Jugendlichen auch an die Musik-Reise. Mit Einschränkungen lässt sich somit ein Zusammenhang erkennen. Im Vergleich zu den Ergebnissen der Studie *Urlaubsreisen der Jugendlichen* fällt Folgendes auf: Zum Strand gehen und landestypische Spezialitäten genießen scheint für die Jugendlichen gleichermaßen wichtig zu sein. Das Interesse an „Ausruhen und viel schlafen“ sowie an Ausflügen ist geringer. Dafür scheint Shoppen und Sport für die befragten Jugendlichen wichtiger zu sein. Wandern ist auch hier eher unbeliebt, Diskobesuche und Partys fragen die Jugendlichen dagegen nach.

Außerdem soll untersucht werden, ob es einen Unterschied zwischen den Geschlechtern und den jeweils bevorzugten Freizeitaktivitäten gibt. Es sollen nur die fünf beliebtesten Freizeitaktivitäten analysiert werden. Der Zusammenhang zwischen dem Geschlecht und der Aktivität „zum Strand gehen“ ist mit p=0,394 nicht signifikant, womit sich kein statistisch signifikanter Unterschied erkennen lässt. Es scheint jedoch, dass männlichen Jugendlichen „Partys innerhalb der Anlage“ tendenziell wichtiger sind als Mädchen (p=0,000; V=0,268). Ebenfalls ist zu vermuten, dass die Freizeitaktivität „landestypische Spezialitäten genießen“ Mädchen tendenziell wichtiger ist als Jungen (p=0,000; V=0,22). Bei der Aktivität „Sport“ gibt es mit einem p-Wert von 0,767 keinen signifikanten Unterschied zwischen den Geschlechtern. Sowohl weibliche als auch männliche Jugendliche bewerten diese Freizeitaktivität gleichermaßen. „Shoppen“ hingegen wird von Mädchen wahrscheinlicher als wichtig eingestuft als von Jungen (p=0,000; V=0,315).

Beim Fragenblock zur grundsätzlichen Gestaltung einer Musik-Reise soll die Frage nach dem Wochenrhythmus in Betracht gezogen werden. Obwohl keine Mehrfachnennung erwünscht war, haben 6,7% der Jugendlichen sowohl „in der Woche gibt es mindestens einen freien Tag“ und „aufeinanderfolgende Tage sind unterschiedlich strukturiert“ gewählt. Diese Mehrfachnennung war technisch nur bei den Fragebogen in Papierform möglich. 115 Jugendliche haben den Fragebogen in Papierform gültig ausgefüllt. Von diesen Jugendlichen haben 16, also 15,7%, diese Kombination angekreuzt. Diese beiden Antworten sind auch die, die insgesamt am meisten gewählt wurden. Der Wunsch nach einem freien Tag wird auch unter den Antworten bei „Sonstiges“ ersichtlich. Ein freier Tag und abwechslungsreiche Tagesgestaltung scheinen äußerst wichtig für die Jugendlichen zu sein.

Des weiteren besteht die Annahme, dass diejenigen Jugendlichen, die sich verpflichtende Probeeinheiten wünschen, gleichzeitig tendenziell auch die Möglichkeit des selbstständigen Musizierens möchten (p=0,000, V=0,314).Dies scheint auf den ersten Blick ein Widerspruch zu sein, gibt aber schon jetzt einen Hinweis auf das zentrale Ergebnis, welches im nächsten Kapitel dargelegt wird.

Im gleichen Fragenblock wurde auch die Frage gestellt, wann die Jugendlichen morgens mit der ersten Einheit anfangen wollen. Ein Zusammenhang zwischen dieser und der Frage zwölf nach der täglich idealen Stundenzahl gemeinsamen Musizierens auf einer Musik-Reise besteht (p=0,000, r=-0,347). Dieser kann bedeuten: Je später die Jugendlichen mit einer Einheit am Morgen anfangen wollen, desto weniger Stunden möchten sie tendenziell auf der Musik-Reise idealerweise an einem Tag in gemeinsamen Proben musizieren.

Bei den Hauptbeweggründen liegt der größte Anteil jeweils bei der Antwortkategorie zutreffend. Es wird ersichtlich, dass „Spaß haben“ für die meisten zutreffend ist, gefolgt von „gemeinsames Musizieren“ und „neue Leute kennenlernen“. Diese drei Reisemotive wurden ebenfalls in der Gruppendiskussion genannt.

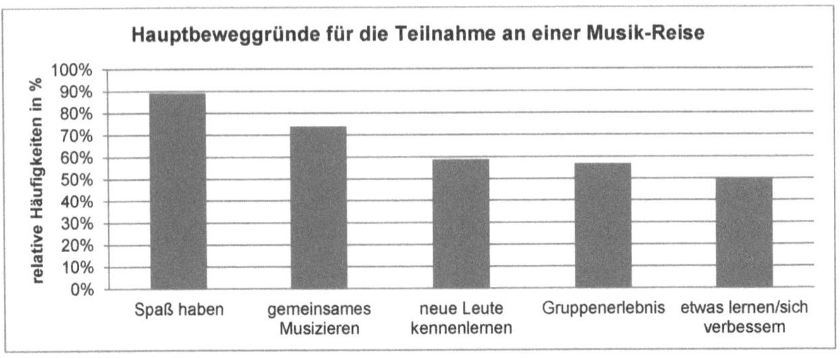


**Abbildung 15: Welche der folgenden Hauptbeweggründe, an einer solchen Musik-Reise teilzunehmen, treffen für Dich zu?, Angaben der Antwortkategorie "zutreffend" in relativen Häufigkeiten, N=238**

An dieser Stelle soll getestet werden, ob es einen Zusammenhang zwischen dem Hauptbeweggrund „Gruppenerlebnis“ und „gemeinsames Musizieren“ gibt. Dies geschieht abermals mit dem Spearmanschen Korrelationskoeffizienten. Mit p=0,000 liegt ein statistisch signifikanter Zusammenhang vor. Dieser ist von gleichsinniger, mittlerer Stärke, da r=0,282. Folgendes lässt sich mit Blick auf die Hauptbeweggründe vermuten: Je zutreffender der Hauptbeweggrund „Gruppenerlebnis“ von den Jugendlichen bewertet wird, desto zutreffender ist für sie tendenziell auch der Grund „gemeinsames Musizieren“. Außerdem scheint es, dass diejenigen Jugendlichen, für die „Spaß haben“ ein Motiv ist, ebenfalls das „gemeinsame Musizieren“ tendenziell als Hauptbeweggrund zutreffend ist (p=0,000, r=0,332). Es ist anzunehmen, dass, je zutreffender der Hauptbeweggrund „etwas lernen/sich verbessern“ für die Jugendlichen ist, desto wichtiger ihnen tendenziell auch ist, dass ausgebildete Instrumentallehrer die Musikreise begleiten (p=0,000, r=0,291). Ferner sind Jugendliche, die in einer Band spielen, tendenziell eher aufgrund des gemeinsamen Musizierens an einer Musik-Reise interessiert (p=0,000, V=0,511).

Ein weiterer Zusammenhang soll hinsichtlich der Bandzugehörigkeit getestet werden. Die Hypothese, dass Jugendliche, die in einer Band spielen, und Jugendliche, die nicht in einer Band sind, unterschiedliche Vorlieben bei der Wahl der Workshops haben könnten, wird mit Hilfe eines Quiquadrat-Testes untersucht. Für alle Workshops ergibt dieser Test einen p-Wert, der größer ist als 0,05, sodass es hier keine statistisch signifikanten Zusammenhänge gibt. Bandmitglieder und Band-Nichtmitglieder unterscheiden sich dementsprechend hinsichtlich der Vorlieben der Workshops nicht.

In den Ergänzungen wurde unter anderem die Anmerkung gemacht, dass die Betreuer vor allem Spaß haben und verstehen sollten. Dies wurde auch schon in der Gruppendiskussion betont. Manche Jugendliche nutzten die Möglichkeit, um hier noch einmal herauszustellen, dass eine Mischung aus verpflichtenden und freiwilligen Einheiten verlangt wird oder dass die Tagesgestaltung abwechseln soll. Hiermit wird die Bedeutung dieses grundlegenden Konzeptes abermals gezeigt.

Im Folgenden soll auf Grundlage der bis hierhin gesammelten Ergebnisse ein Konzept für eine Musik-Reise entwickelt werden. Es sei angemerkt, dass auf Basis der vorliegenden Ergebnisse eine Vielzahl von Konzepten entstehen könnten, im Rahmen dieser Arbeit aber nur ein mögliches aufgezeigt werden soll. Es werden nicht alle Aspekte des Konzeptes einer Musik-Reise, sondern hauptsächlich die in der Umfrage Behandelten erläutert. Anmerkungen zu Verpflegung und Unterkunft werden hinzugefügt.

## 6. Konzept der Musik-Reise

Es besteht Potential für Musik-Reisen auf dem deutschen Jugendreisemarkt. 80% der Befragten können sich vorstellen, an einer solchen Reise teilzunehmen. Die potentielle Zielgruppe ist mit einem hohen Anteil von musizierenden Jugendlichen in Deutschland sehr groß, was sich positiv auf das Potential auswirkt. Des Weiteren zeigt die Reiseintensität von über 90%, dass diese Zielgruppe sehr reisefreudig ist. Der Stellenwert der Musik-Reise ist laut Umfrageergebnissen im Vergleich zu anderen Reisen, die ein Jugendlicher im gleichen Jahr unternimmt, weitestgehend niedriger. Dies führt zu der Annahme, dass die Musik-Reise eher nicht die Haupturlaubsreise des Jugendlichen wäre. Diese Tatsache schränkt das Potential jedoch nur unwesentlich ein. Die meisten Jugendlichen – ca. 71% – gaben gleichzeitig an, dass sie mindestens zwei Urlaubsreisen im letzten Jahr unternommen haben. Die Sekundärforschung lieferte ähnliche Ergebnisse. Es wird davon ausgegangen, dass dies der Normalfall ist und auch so bleiben wird, sodass die Musik-Reise eine ideale Zweitreise der Jugendlichen sein kann.

Der Absatzmarkt der Musik-Reise sind musikaffine Jugendliche zwischen 14 und 17 Jahren. Die Zielgruppe zeichnet sich durch folgende Charaktereigenschaften aus: Sie sind offen und interessiert. Es werden Einzelmusiker angesprochen, keine bereits bestehenden kompletten Bands, Chöre oder Orchester.

Die Musik-Reise wird sieben Tage lang sein, d. h. mit Busanreise läge der Reisezeitraum bei neun Tagen, was von den Jugendlichen ebenso angenommen werden sollte, da die Länge von zehn Tagen die zweithäufigste Antwort der Umfrage ist. 2008 betrug die durchschnittliche Reiselänge zudem 9,8 Tage (Gleu und Kosmale, 2009, S. 35). Angeboten wird die Reise in den Herbstferien. Die Musik-Reise wird nach Frankreich oder Italien gehen, je nachdem, in welcher der Destinationen der Veranstalter einen hinsichtlich Unterkunft mit Probenräumen geeigneten Partner hat. Diese Leistungsträger müssen mit einer solchen Musik-Reise einverstanden sein, was beispielsweise den Geräuschpegel angeht. Die Voraussetzung, dass der Ort am Strand liegt, soll jedoch erfüllt werden, da die meisten befragten Jugendlichen in der

Freizeit zum Strand gehen wollen. Es scheint widersprüchlich, dass die Jugendlichen während den Herbstferien an der Musik-Reise teilnehmen möchten, aber gleichzeitig auch zum Strand gehen wollen. In manchen Zielgebieten in Frankreich oder Italien sollte dies jedoch realisierbar sein.

Die Instrumente werden von den Jugendlichen selbst mitgenommen. Dies wurde zwar im Fragebogen nicht verifiziert, ist jedoch auch weder direkt noch über den Aspekt des Transportmittels angesprochen oder kritisiert worden. Der Bus ist laut Sekundärforschung stets das Hauptanreisemittel bei Jugendreisen und wird es auch bei dieser Musik-Reise sein. Die Instrumente werden im Bus oder je nach Menge in einem Anhänger oder zusätzlichen Kleintransporter transportiert. Spielt jemand der Jugendlichen Klavier, Schlagzeug, Kontrabass oder ähnlich schwer transportierbare Instrumente, werden diese vor Ort zur Verfügung gestellt.

Als musikalische Betreuer werden ein Bandleiter und Musikstudenten mitfahren. Der Bandleiter war der zweithäufigste unter den nachgefragten Betreuern. Auch wenn die Mehrheit der Jugendlichen sich ausgebildete Instrumentallehrer gewünscht hat, fahren stattdessen Musikstudenten mit. Diese befinden sich zwar noch in der Ausbildung, werden aber ausreichend qualifiziert sein, um als spezialisierte Lehrer einer Instrumentengruppe agieren zu können. Außerdem hat immer noch eine Mehrheit von 47,9% sie als wichtig eingeschätzt. Ein weiterer Vorteil von Musikstudenten ist, dass sie hinsichtlich des Alters noch näher an den Jugendlichen dran sind und in der Gruppendiskussion darauf Wert gelegt wurde, dass die Betreuer vor allem den Spaß in das Proben einbeziehen sollen. Außerdem können Musikstudenten bestenfalls gleichzeitig Funktionen der üblichen Betreuer übernehmen. Sie sind zeitlich flexibel, sehen in dieser Aufgabe vielleicht eine Abwechslung zum Studium und können ihr erlerntes Wissen in der Praxis anwenden. Außerdem sind sie für den Veranstalter finanziell gesehen günstiger.

Die zusammen musizierende Gruppe wird aus maximal 30 Jugendlichen bestehen. Eine Höchstteilnehmerzahl von Jugendlichen, die die Musik-Reise buchen können, wird es nicht geben. Studien zufolge fahren bei einer Jugendreise durchschnittlich 28 Jugendliche mit (Peters, 2012, S. 262). Falls mehr als 30 Jugendliche mitfahren, wird die Gruppe eventuell getrennt. Die

Aufteilung darf jedoch nicht nach Instrumenten oder Niveaus geschehen. In diesem Falle wären zwei gleich heterogene Gruppen von Vorteil, damit die Gruppen durchmischt sind und es keine Abgrenzungen gibt. Außerdem darf die Zuteilung nicht vorgeschrieben und starr sein. Dadurch, dass in den beiden Gruppen die gleichen Stücke gespielt werden, können Jugendliche die Gruppe von Probe zu Probe oder Tag zu Tag wechseln. Mit der Möglichkeit, die Gruppe zu wechseln, haben die Jugendlichen die Entscheidung in der Hand und sind flexibel. Das Wechseln muss jedoch in geregelten Bahnen laufen, damit die beiden Gruppengrößen in etwa gleich bleiben. Das Konzert am Ende soll von der ganzen Gruppe, also von allen mitreisenden Jugendlichen, zusammen aufgeführt werden. Wenn es sich irgendwie vermeiden lässt, wird die Gruppe möglichst nicht getrennt. Das gemeinsame Musizieren steht im Vordergrund und auch für das Gruppenerlebnis ist dies wichtig. In der Gruppendiskussion wurde festgehalten, dass nach Meinung der Jugendlichen möglichst sowohl alle Niveaus als auch alle Instrumente zusammen spielen sollen. Sollte es extreme Anfänger geben, muss individuell eine Alternative gefunden werden. Es könnte beispielsweise einen gewissen Anteil an einfachen Stücken geben, bei denen die Betroffenen sicher mitspielen können. In der Zeit, in der die schweren Stücke geprobt werden, wird den Anfängern dann von einzelnen Jugendlichen höheren Niveaus geholfen. Dies könnte auch in Form eines Workshops mit der Anleitung eines Musikstudenten erfolgen.

Es wird ein klar strukturiertes Programm aus Proben, Workshops und Freizeiteinheiten mit verschiedenen Aktivitäten geben. Hierbei werden nur die Probeeinheiten verpflichtend sein, alle weiteren Angebote sind freiwilliger Art. Außerdem werden auch parallel Aktivitäten angeboten, sodass die Jugendliche flexibel ihren Tag gestalten können.

An den meisten Tagen wird es zwei Probeeinheiten geben, eine vormittags und eine nachmittags. Um die Tage unterschiedlich zu strukturieren, wird gelegentlich nur am Vormittag geprobt. Diese Probeeinheiten sind verpflichtend. Eine der Probeeinheiten wird ca. zwei Stunden, die andere 1,5 Stunden lang sein. An ein bis zwei Tagen wird eine dritte Probeeinheit auf dem Programm stehen. Die erste Probe-, Freizeit- oder Workshopeinheit wird an den meisten

Tagen um 10:00 Uhr beginnen, vereinzelt schon um 9:00 Uhr. Der frühere Start bietet die Möglichkeit, die Probenzeit auf bis zu sechs Stunden zu erhöhen. Es wird einen freien Tag in der Woche geben. An diesem Tag sind keine gemeinsamen Proben vorgesehen, es werden aber Workshops und Freizeitaktivitäten angeboten, die die Jugendlichen wahrnehmen können oder eben nicht.

Pro Tag werden parallel je zwei Workshops angeboten, deren Teilnahme freiwillig ist. Das Angebot an Workshops beläuft sich auf „Technik und Ansatz", „Improvisation", „Beat&Rhythm Training", „Jamsession" und „Tanz". Der Workshop zu „Technik und Ansatz" wird alle Blasinstrumentenspieler ansprechen, für die Rhythmusinstrumente ist dieser keine Option. Den Jugendlichen werden hier verschiedene Übungen und Techniken gezeigt, womit sie ihren Ansatz und ihre Spielweise verbessern können. Im Workshop „Improvisation" geht es darum, verschiedene Skalen zu lernen, die die Improvisation erleichtern können. Außerdem werden Standardmelodien und spezielle Schemen vorgestellt. Beim „Beat&Rhythm Training" geht es darum, ein gewisses Taktgefühl zu entwickeln, den Rhythmus eines Liedes zu erkennen und zu spüren. Außerdem werden typische Rhythmen vorgestellt. Beim Workshop „Jamsession" werden unter Anleitung bekannte Stücke, Jazzstandards, gespielt und dazu abwechselnd improvisiert. Im Tanz-Workshop sollen Choreographien eingeübt und auch hier das Gehör auf Takt und Rhythmus trainiert werden.

Aufgrund der oben erläuterten statistischen Zusammenhänge zwischen den einzelnen Workshops muss darauf geachtet werden, welche zwei Workshops parallel angeboten werden können, da Jugendliche, die einen der Workshops gerne besuchen würden, gleichzeitig auch einen anderen favorisieren. Es ergeben sich folgende Paare: „Technik und Ansatz" und „Improvisation", „Beat&Rhythm Training" und „Technik und Ansatz" und „Jam Session" und „Tanz". Es wird einen zusätzlichen Workshop zu „Improvisation" geben, da dieser mit „Technik und Ansatz" zu den beliebtesten Workshops zählt und „Technik und Ansatz" bei der gepaarten Formation schon zweimal angeboten wird. Da es keinen Unterschied hinsichtlich der Vorlieben von Workshops bei Bandmitgliedern und Nicht-Bandmitgliedern gibt, sollten die Workshops gleichermaßen auf den Zuspruch der Teilnehmer stoßen.

Des Weiteren wird es vor Ort einen oder mehrere Proberäume geben, die die Jugendlichen individuell nach Lust und Laune zum selbstständigen Musizieren nutzen können.

Es wird ein Abschlusskonzert geben. Dies soll für Jugendliche anderer Jugendreisen in der Anlage veranstaltet werden sowie für Einheimische. Die Jugendlichen werden innerhalb der Woche im Ort dafür Werbung machen.

Bei den Freizeitaktivitäten werden die beliebtesten zehn aus der Umfrage auf jeden Fall in das Freizeitprogramm aufgenommen. D. h., es wird Folgendes angeboten: gemeinsames zum Strand gehen, Sport im Sinne von Mannschaftsspielen eventuell auch am Strand, in die Stadt gehen mit ausreichend Zeit für die Jugendlichen zu shoppen. Die Stadt soll zudem in Form von einer Stadtführung besichtigt werden. Die Abende prägen Themenabende, wie z. B. eine Quiznight, Partys in der Anlage, Essen gehen, um landestypische Spezialitäten genießen zu können, sowie ein Disko- und Konzertbesuch. Nicht nur die Aktivität „Konzertbesuch" soll die Thematik Musik aufgreifen, auch bei der Quiznight werden Fragen zu Musik im weiteren Sinne im Mittelpunkt stehen. Der Aspekt „ausruhen und viel schlafen" kann nicht direkt ins Programm aufgenommen werden, aber die Aktivitäten sollen so geplant sein, dass dafür den Jugendlichen noch ausreichend Zeit zur freien Verfügung steht. Die Teilnahme an all diesen Aktivitäten ist ebenfalls freiwillig. Um auf die Unterschiede zwischen männlichen und weiblichen Jugendlichen zurückzukommen, bleibt hier lediglich festzuhalten, dass während der Aktivität Shoppen auch etwas anderes angeboten werden muss, da die Jungen das tendenziell nicht so gern tun.

Bei den Gründen für eine Musikreise gaben die Jugendlichen unter anderem die Aspekte der Hauptbeweggründe an. Die drei meist genannten in den beiden Fragen waren: gemeinsames Musizieren, neue Leute kennenlernen und Spaß haben, wobei die Reihenfolge voneinander abwich. Außerdem liegt hier ein statistischer Zusammenhang vor, was zeigt, dass sich ein Teil der Jugendlichen alles zusammen wünscht. Diese Aspekte werden also miteinander verknüpft. Sie müssen auf der ganzen Reise und bei allen Unternehmungen verfolgt werden und im Mittelpunkt stehen. Es geht darum, gemeinsam zu musizieren. Es soll kein Wettbewerb unter den Jugendlichen entstehen, es geht nicht darum, besser zu sein als der andere. Es soll einfach nur Freude bereiten. Egal auf welchem Niveau. Der Aspekt „sich verbessern/etwas lernen“ darf nicht vergessen werden, soll aber nicht im Vordergrund stehen. Eine Woche lang mit fremden, unbekannten Musikern in einer Gruppe zusammen zu musizieren, wird definitiv einen positiven Effekt auf das individuelle Musizieren haben. Ob es nun messbare *hard skills* sind oder aber eher *soft skills* wie z. B. das Aufeinander-Hören. Die Jugendlichen möchten zudem neue Leute kennenlernen. Deswegen muss es genug freie Zeit geben und die Rahmenbedingungen des Kennenlernens müssen geschaffen werden. Es wird Pausen bei den Proben geben, in denen die Jugendlichen erste Möglichkeiten haben, ins Gespräch zu kommen. Gemeinsames Essen, die angebotenen Freizeitaktivitäten und Workshops bieten hervorragende Möglichkeiten, Freundschaften zu schließen. Und beim Abendprogramm können diese gefestigt werden. Es soll möglichst viel in der Gruppe gemacht werden, sodass ein Gemeinschaftsgefühl entsteht. Der Höhepunkt dieses Gruppenerlebnis wird das Abschlusskonzert sein, bei dem die Jugendlichen zeigen, was sie in der Woche gemeinsam gelernt haben. Sie präsentieren sich als Gruppe. Im Vorfeld führen Vorbereitungen, wie Werbemaßnahmen für das Konzert, ebenfalls zu diesem Gefühl. Es wird also auf der ganzen Musik-Reise eine angenehm lockere Atmosphäre geschaffen, in der die Jugendlichen durch das gemeinsame Musizieren ein Gruppenzugehörigkeitsgefühl aufbauen und leicht andere Jugendlichen kennenlernen. Bei der anfänglichen Frage nach den Gründen wurde zusätzlich das Reisen an sich und - damit verbunden - neue Länder und Kulturen kennenzulernen genannt. Dies wird damit erfüllt, dass die Jugendlichen die Möglichkeit haben, die Anlage jeder Zeit zu verlassen und die Destination kennenzulernen. Begleitete Aktivitäten, wie z. B. eine Stadtbesichtigung, sollen dazu führen, dass die Jugendlichen auch ihre neue Umgebung wahrnehmen und diese kennenlernen. Mit der Aktivität „Landestypische Spezialitäten genießen“ ist auch das Probieren von für das Land typischen Gerichten gemeint. Mit diesem kulinarischen Genuss lernen die Jugendlichen einen Teil der Kultur kennen. Ein weiterer Teil der Jugendlichen ist an der Musik-Reise interessiert, um neue Erfahrungen zu sammeln. Die Musik-Reise ist für die Jugendlichen ein einzigartiges Erlebnis, was für sie neuartig ist. Sie sind zwar schon reiseerfahren, jedoch kennen sie die Musik-Reise noch nicht. Dies ist eine ganz neue und wertvolle Erfahrung für sie. Sie liefert zudem den Zusatz, dass die Jugendlichen in direkten Kontakt mit den Einheimischen treten. Dies geschieht bei den Werbeaktionen für das Abschlusskonzert und bei dem Konzert selbst. Dadurch entdecken die Jugendlichen die Einheimischen auf eine andere und neue Art und Weise.

Der Kernfaktor dieser Reise ist die Mischung aus Verpflichtung und Selbstständigkeit. Dieser Aspekt zieht sich durch die ganze Primärforschung. Jugendlichen möchten, dass gewisse Dinge, wie z. B. Probeeinheiten, verpflichtend sind. Auf der anderen Seite soll die Teilnahme an Workshops oder Freizeitaktivitäten freiwillig sein. Die Abhängigkeit der Variablen „verpflichtende Probeeinheiten“ und „selbstständiges Musizieren“ wurde schon durch einen statistischen Zusammenhang belegt. Die Jugendlichen brauchen in gewisser Weise einen Rahmen, aber gleichzeitig auch ihren Freiraum. Dies auf der Musik-Reise umzusetzen, wird die größte Herausforderung sein.

Der Vollständigkeit halber soll zuletzt auf die Verpflegung und die Unterkunft eingegangen werden. Die Verpflegung sieht eine Halbpension vor, Frühstücks- und Abendessenbuffet. Dieses soll auch landestypische Speisen beinhalten, damit die Jugendlichen abermals ein Stück der Gastkultur kennenlernen können. Die Art der Halbpension ist deshalb vorteilhaft, da der Tag zur Mittagszeit nicht unterbrochen werden muss. Jugendliche können sich individuell verpflegen. Dafür werden ausreichend Möglichkeiten vorhanden sein. Die Unterkunft sieht ein Jugendhotel vor. Es wird über ausreichend Mehrbettzimmer verfügen. In jedem Zimmer werden zwei bis vier Jugendliche schlafen. Außerdem sollte das Hotel über einen zusätzlichen Gemeinschaftsraum verfügen. Wie bereits erwähnt, müssen Proberäume ebenfalls vorhanden sein. Wenn nicht direkt im Hotel, dann in einem benachbarten Gebäude. Ein Supermarkt soll in der unmittelbaren Nähe sein. Das Hotel sollte zur gleichen Zeit auch andere Jugendreisen beherbergen, bestenfalls nicht nur aus Deutschland, sondern auch aus dem europäischen Ausland. So haben die Jugendliche noch mehr Möglichkeiten, Leute kennenzulernen, Konzertzuhörer sind garantiert und sie haben die Chance, sich kulturell weiterzubilden, indem sie mit Jugendlichen aus anderen Ländern zusammen sind. Auf die Preiskalkulation soll in der vorliegenden Studie nicht eingegangen werden. Der Preis war bewusst kein Bestandteil des Fragebogens. Jugendliche können diesen schlecht oder überhaupt nicht einschätzen, da meistens die Eltern ihre Reisen bezahlen. Vergleichbare Werte liegen ebenso wenig vor, da eine Musik-Reise in dieser Form noch nie angeboten wurde. Die genauen Berechnungen würden den Rahmen dieser Arbeit sprengen.

Die folgende Abbildung zeigt einen beispielhaften Wochenplan der konzipierten Musik-Reise.

| Tag | Tag 1 | Tag 2 | Tag 3 | Tag 4 | Tag 5 | Tag 6 | Tag 7 | Tag 8 |
|---|---|---|---|---|---|---|---|---|
| | | | | Frühstück | | | | |
| Vormittag | Ankunft | 10:00-11:30 Probe<br>12:00 **MTB-Tour**<br>12:00-13:00: **Workshop A und B** | 9:00-11:30 Probe<br>12:00 **Stadtbesichtigung** anschließend **Shoppen** | 12:00 **Workshop A und B** | 10:00-14:00 Probe | 10:00-11:00 **Workshop E und A**<br>12:00-14:00 Probe | 9:00-13:00 Probe | 12:00 **Stadtbesichtigung** anschließend **Shoppen** |
| Nachmittag | 14:00 **Welcome** anschließend **Strand** | 14:00 **Yoga am Strand**<br>15:00-16:00 **Workshop C und D**<br>16:15-18:45 Probe | 13:30 **Fussball am Strand**<br>15:00 **Workshop E und A**<br>16:15-18:45 Probe | 14:00 **Beachvolleyball am Strand**<br>17:00 **Workshop B** | 15:00 **Werbematerial erstellen fürs Konzert**<br>15:00 **Strand**<br>17:00 **Workshop C und D** | 15:00 **Werbung machen im Ort**<br>15:00 **Workshop C und D**<br>16:30-18:30 Probe | 14:00 **Banana-Boot/Tretboot am Strand**<br>14:00 **Workshop B** | 15:00 **Strandspaß**<br>18:00 **Verabschiedung** |
| Abend | 19:00 **Abendessen**<br>21:00 **Themenabend: Quiznight** | 19:00 **landestypische Spezialitäten genießen** | 19:00 **Abendessen**<br>21:00 **Party** | 19:00 **Abendessen**<br>21:00 **Themenabend: Karaoke** | 19:00 **BBQ**<br>23:00 **Disko** | 19:00 **Abendessen**<br>21:00 **Konzertbesuch** | 19:00 **Abendessen**<br>21:00 **Abschluss-konzert** | Abreise |

Workshop A: Technik und Ansatz; Workshop B: Improvisation; Workshop C: Jamsession; Workshop D: Tanz; Workshop E: Beat&Rhythm Training
Quiznight: Thema Musik (Fragen zu Musikern, Songs etc.)
MTB-Tour: Ausflug mit dem Mountainbike
Landestypische Spezialitäten genießen: Essen bzw. Trinken gehen in einem lokalen Restaurant bzw. Bar
Party: Party in der Anlage
Disko: Besuch einer lokalen Disko
Pflicht

**Abbildung 16: Exemplarischer Wochenplan der Musik-Reise**

## 7. Probleme, Chancen und Zukunftsaussichten

Im Folgenden soll das im vorangehenden Kapitel beschriebene Konzept der Musik-Reise mit Blick auf mögliche Probleme, Chancen und Zukunftsaussichten betrachtet werden.

Mögliche Probleme können sich zunächst aus den Gründen gegen die Teilnahme an einer Musik-Reise, die von den Jugendlichen in der Umfrage angegeben wurden, ergeben. Hier wurden Bedenken geäußert, wie beispielsweise, dass nicht den ganzen Tag musiziert werden solle oder dass es fraglich sei, wie verschiedene Niveaus miteinander musizieren können. Diese Aspekte heißt es in einer klaren Kommunikation zu beseitigen. Es muss deutlich kommuniziert werden, dass auf einer Musik-Reise nicht den ganzen Tag nur musiziert wird. Außerdem müssen die Teilnehmer vorab wissen, wie die Gruppenaufteilung erfolgt bzw., dass die Gruppe nicht getrennt wird, sondern nur in speziellen Fällen auf Grund von starken Niveauunterschieden individuelle Maßnahmen getroffen werden. Diese Aspekte können in die entsprechenden Katalogtexte oder in die Werbung mit aufgenommen werden. Somit wird die Gefahr gemindert, dass Jugendliche, die diese oder ähnliche Bedenken haben, nicht an der Musik-Reise teilnehmen.

Ein weiteres Problemfeld ist die Vorabselektion eines bestimmten Typs an Jugendlichen. Der Preis der Musik-Reise wird aller Wahrscheinlichkeit nach höher liegen als der einer klassischen Jugendreise. Dadurch alleine werden Jugendliche aus wohlhabenderen Familien vermutlich eher angesprochen. Diesem könnte durch Förderungen entgegengewirkt werden. Auf der Musik-Reise selbst, wie bei allen Jugendreisen, besteht die Gefahr der Cliquenbildung. Die meisten Jugendlichen, knapp 80%, gaben an, dass sie am liebsten mit einer Freundin/einem Freund verreisen würden. Diese Tatsache schränkt eventuell die Offenheit der Jugendlichen ein. Auf der anderen Seite ist einer der Hauptbeweggründe offensichtlich, neue Leute kennenzulernen, was ein offenes und kontaktfreudiges Verhalten verlangt. Alle Aktivitäten des Freizeitprogramms sollen zudem Möglichkeiten liefern, das Gruppengefühl zu stärken.

Für den Veranstalter ist die Vorabplanung der Musik-Reise äußerst schwer. Alle die Programmpunkte, die mit dem gemeinsamen Musizieren in Verbindung stehen, hängen davon ab, welche Instrumente die Jugendlichen, die an der Musik-Reise teilnehmen, spielen. Deswegen wird die Planung sehr individuell und spontan erfolgen müssen. Außerdem stellt sich die Frage, was z. B. wäre, wenn kein Schlagzeuger unter den Jugendlichen ist. In diesem Fall sollte einer der musikalischen Betreuer diese Rolle übernehmen können. Um beim Thema der Begleitung der Musik-Reise zu bleiben, lässt sich festhalten, dass diese Art von Reise sehr betreuungsintensiv ist. Neben den üblichen Betreuern wird fachspezifisches Personal gebraucht, das die Anleitung des Musizierens übernimmt. Bestenfalls sollten die Teamer beide Rollen übernehmen können, also sowohl Betreuer sein, als auch beispielsweise Musikstudent, der auf Saxophon, Klarinette und Querflöte spezialisiert ist. Somit würde Personal eingespart.

Ein weiteres mögliches Problem stellt die Versicherung der Instrumente für den Veranstalter dar. Diese wird sehr hoch sein und darf sich, wenn möglich, nicht auf den Reisepreis auswirken. Außerdem wäre es für den Veranstalter vorteilhaft, wenn er geeignete Partner findet, mit denen er kooperieren kann. Dies könnte z. B. ein Instrumentenhersteller sein, der Instrumente wie das Schlagzeug, Klavier und Kontrabass für den Reisezeitraum zur Verfügung stellt. Im Gegenzug wird für diesen Instrumentenhersteller geworben. Es kann jedoch problematisch sein, solche und weitere Sponsoren zu finden, da diese vom Image her mit der Musik-Reise und dem Veranstalter selbst übereinstimmen müssen. Branchenübergreifende Kooperationen sind wichtig. Der Jugendliche überträgt Eigenschaften einer Marke der anderen Branche auf den Reiseveranstalter, der davon profitieren kann.

Als letztes potenzielles Problemfeld sei die Wahl oder das Finden einer geeigneten Destination genannt. Diese muss infrastrukturell insofern erschlossen sein, als es Proberäume gibt, in denen die ganze Gruppe proben kann, und weitere Räume, in denen selbstständig musiziert werden kann. Außerdem müssen die Leistungsträger das Projekt unterstützen, d. h. wie bei anderen Jugendreisen Jugendliche als Gäste akzeptieren und in diesem Falle zusätzlich noch die Musik tolerieren.

Alle bisher genannten Probleme lassen sich lösen. Die Hauptchance der Musik-Reise ist die Teilnahmebereitschaft von Jugendlichen aus Deutschland. Die Chancen, dass diese Musik-Reise sich erfolgreich im Markt der Jugendreisen in Deutschland etablieren kann, sind groß. Den Ergebnissen der vorliegenden Primärforschung zufolge besteht das Potential unter den Jugendlichen aus Deutschland. Und diese Zielgruppe ist groß. Mit schätzungsweise 3.207.000 Jugendlichen zwischen 14 und 17 Jahren in 2011 und ca. 25%, die ein Musikinstrument spielen oder singen, ist der mögliche Absatzmarkt groß. Wäre die Umfrage repräsentativ, könnte davon ausgegangen werden, dass 80% dieser Jugendlichen an einer Musik-Reise teilnehmen würden. Das wären etwa 641 000 Jugendliche. Die Musik-Reise als Innovation hilft dem Veranstalter, wettbewerbsfähig zu sein und sie kann wirtschaftliche Gewinne einbringen. Außerdem hat sie für den Veranstalter ein hohes Trend- und Imagepotential. Sie könnte ein Alleinstellungsmerkmal sein, mit dem sich der Veranstalter spezialisieren und neu positionieren kann. Derzeit gibt es keine vergleichbaren Reisen auf dem deutschen Jugendreisemarkt. Ein weiterer erheblicher Vorteil der Musik-Reise ist, dass sie den Bildungseffekt mit aufnimmt. Bei Jugendreisen mit dem thematischen Schwerpunkt Bildung sind Eltern eher dazu geneigt, ihre Kinder mitfahren zu lassen (Kosakowski, 2012, S. 432 ff.). Dies ist ausschlaggebend, da die Eltern bei der Reiseentscheidung eine wesentliche Rolle spielen. Der Bildungseffekt sollte also ebenfalls in Katalogen und Werbung kommuniziert werden. Hiermit können zusätzlich auch Lehrer überzeugt werden, die im Leben der Jugendlichen ebenfalls eine wichtige Rolle spielen.

Mit Blick auf die zukünftige Entwicklung lassen sich folgende Anmerkungen machen: Nach erfolgreicher Einführung des Produktes kann darüber nachgedacht werden, einen bekannten Berufsmusiker zu gewinnen. Hierzu haben die Jugendliche schon einige Vorschläge gemacht (siehe oben). Marketingmaßnahmen sollten speziell in Schulen und Musikschulen geschaltet werden. 77% der befragten Jugendlichen gehen zu einer Musikschule. Dort können potentielle Teilnehmer direkt angesprochen werden. Außerdem müssen soziale Netzwerke wie Facebook genutzt werden. Schon während der vorliegenden Untersuchung hat sich gezeigt, dass diese Zielgruppe hier anzutreffen ist. Des Weiteren kann bei verschiedenen Events, wie z. B. „Jugend musiziert", Werbung gemacht werden. Dieses Marketing muss glaubwürdig sein. Vor allem auch, um die Eltern von dem Produkt zu überzeugen. Glaubwürdigkeit eines neuen Produktes im Jugendtourismus führt mit zu dessen Erfolg. Die Wirtschaftlichkeit der Musik-Reise lässt sich durch steigende Teilnehmerzahlen erreichen, was wiederum durch die bereits erwähnten Werbemaßnahmen erzielt wird. Zusätzlich kann die Zielgruppe erweitert werden. Eine Möglichkeit ist, die Altersgrenze zu erweitern. Eine Alternative ist, eine Musik-Reise auch für Anfänger anzubieten oder sogar für Jugendliche, die ein Instrument neu erlernen möchten. Im letzteren Fall wäre die Musik-Reise ein Einstieg in das Musizieren. In Gruppenunterricht würde den Jugendlichen Anfängerwissen vermittelt. Eine andere denkbare Weiterentwicklung der Musik-Reise ist eine zusätzliche Woche, die von Jugendlichen hinzugebucht werden kann, in der die Gruppe durch die nähere Umgebung tourt und in verschiedenen Orten Auftritte hat.

Die Einführung des Produktes erfordert hohe Anfangsinvestitionen und der damit verbundene Aufwand ist groß. Zu Beginn erwirtschaftet es eher wenig. Die Musik-Reise ist jedoch ein Zukunftsprodukt und ein nicht zu unterschätzender Imageträger. An dieser Stelle soll versucht werden, das Produkt Musik-Reise in das Marktanteils-/Marktwachstumsportfolio der Boston Consulting Group (BCG) einzugliedern. Dieses Geschäftsportfolio ist ein Instrument zur Strategieentwicklung, bei der auf zwei Werte Bezug genommen wird: das Marktwachstum und der relative Marktanteil. Es besteht aus vier Feldern (Paul und Wollny, 2011, S. 208).

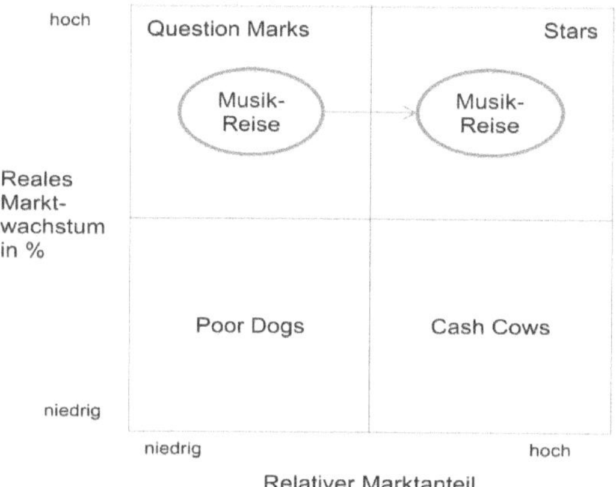


**Abbildung 17: BCG-Portfolio für die Musik-Reise, Darstellung in Anlehnung an Paul und Wollny, 2011, S. 212**

Die Musik-Reise wird bei Einführung als neues Produkt im Feld der *Question Marks* landen. Mit einem hohen Marktwachstum und einem niedrigen Marktanteil, befindet sich das Produkt in der Anfangsphase des Produktlebenszyklus. Aller Wahrscheinlichkeit nach werden sich die Marktanteile vergrößern, wodurch die Musik-Reise zu einem *Star* werden kann.

## 8. Schlussbemerkungen

Der Ausgangspunkt der vorliegenden Arbeit war zu prüfen, ob Musik-Reisen im deutschen Jugendreisemarkt Potential haben und herauszufinden, wie eine Musik-Reise gestaltet sein sollte. Das Ziel der Arbeit war die Konzeptentwicklung dieser Musik-Reise, welche auf den Ergebnissen der Sekundär- und Primärforschung beruht.

Wissenschaftlich gesehen basiert der hier dargestellte und durchgeführte Prozess der Konzeptentwicklung auf wissenschaftlichen Techniken wie qualitativen und quantitativen Forschungsmethoden und analytischen Schlussfolgerungen. Es bleibt anzumerken, dass trotz des Versuches, den wissenschaftlichen Standard während der ganzen Arbeit beizubehalten, Einschränkungen beispielsweise der Repräsentativität zu erkennen sind. Die vorliegende Untersuchung erhebt keinen Anspruch auf Repräsentativität. Die Anzahl der teilnehmenden Jugendlichen ist dafür zu gering und das Stichprobenauswahlverfahren nicht unbewusst. Ferner basiert die Arbeit auf dem theoretischen Konzept der Innovationen im Tourismus. Die entwickelte Musik-Reise fällt in den Bereich der Produktinnovationen, da sie eine neue Dienstleistung darstellt und einen Zusatznutzen für den Konsumenten liefert. Ferner gilt die Musik-Reise als eine radikale Innovation. Diese würde aus dem schon oben geschilderten Nachfragepull entstehen, da das Konzept auf den Vorlieben des Marktes beruht. Die durchgeführte Marktforschung diente dazu, Nachfragetrends der Jugendlichen im Hinblick auf Reisen frühzeitig zu erkennen.

Wegen der Nicht-Repräsentativität spiegeln die Ergebnisse lediglich die Ansichten der in dieser Umfrage teilnehmenden Jugendlichen wider. Auf die Stichprobe beschränkt lässt sich sagen, dass die Hypothese, dass ein Potential besteht, bestätigt werden kann. Eine eindeutige Mehrheit der Jugendlichen würde an einer Musik-Reise teilnehmen.

Vor allem die Ergebnisse der Primärforschung in Form der in erster Linie qualitativen Gruppendiskussion und der eher quantitativen Befragung dienen als Basis der Konzeptentwicklung der Musik-Reise. Dieses Konzept ist dementsprechend auf die Stichprobe ausgelegt und kann nicht direkt auf die Grundgesamtheit übertragen werden.

In der Praxis stellt das Konzept eine gute Grundlage dar, auf der weitergehende Entwicklungen stattfinden können. Da es aus einer nicht repräsentativen Meinung hervorgeht, sollten vor Produkteinführung Experten befragt oder eine große, repräsentative Umfrage durchgeführt werden, sodass Bestandteile des Konzeptes verifiziert oder falsifiziert werden können. Mit Blick auf die fünf Schritte des Innovationsprozesses sei an dieser Stelle angemerkt, dass mit der vorliegenden Arbeit die ersten zwei durchgeführt wurden. In Zukunft müsste nun ein Leistungsdesign erstellt und die Musik-Reise in der Testphase geprüft werden. Nach der ersten Saison können dann noch eventuelle Veränderungen vorgenommen werden, bevor das Produkt Musik-Reise in der letzten und fünften Phase in dem Markt eingeführt wird.

Hat die Musik-Reise Erfolg, müssen Maßnahmen ergriffen werden, das Konzept vor Imitationen zu schützen.

## Literaturverzeichnis


A., o. 2013. *Landesjugendwerk der AWO Saarland* [Online]. Völklingen-Ludweiler. [Aufgerufen am 11. Januar 2013].

Aderhold, Peter 2009. *Die Reiseanalyse - Die Urlaubsreisen der Deutschen: Kurzfassung der Reiseanalyse 2009,* Hamburg, FUR Forschungsgemeinschaft Urlaub und Reisen.

Aghamanoukjan, Anahid; Buber, Renate und Meyer, Michael 2009. Qualitative Interviews. *In:* BUBER, R. & HOLZMÜLLER, H. H. (Hrsg.) *Qualitative Marktforschung: Konzepte - Methoden - Analysen.* Wiesbaden: Gabler.

Albert, Mathias; Hurrelmann, Klaus und Quenzel, Gudrun 2010. *16. Shell Jugendstudie: Jugend 2010 - Eine pragmatische Generation behauptet sich,* Frankfurt am Main, S Fischer Verlag.

Berekhoven, Ludwig; Werner, Eckert und Ellenrieder, Peter 2006. *Marktforschung - Methodische Grundlagen und praktische Anwendung,* Wiesbaden, Gabler.

Beritelli, Pietro und Romer, Daniel 2006. Inkrementelle versus radikale Innovationen im Tourismus. *In:* PIKKEMAAT, B., PETERS, M. & WEIERMAIR, K. (Hrsg.) *Innovationen im Tourismus - Wettbewerbsvorteile durch neue Ideen und Angebote.* Berlin: Erich Schmidt Verlag.

Bidmon, Sonja und Matzler, Kurt 2006. Methoden zum Einbezug innovativer Kunden: der Lead User Ansatz. *In:* PIKKEMAAT, B., PETERS, M. & WEIERMAIR, K. (Hrsg.) *Innovationen im Tourismus - Wettbewerbsvorteile durch neue Ideen und Angebote.* Berlin: Erich Schmidt Verlag.

Brockhoff, Klaus 1993. *Produktpolitik,* Stuttgart, UTB.

Buck, Martin 2012. Alles Jugend oder was? Thesen zum touristischen Produkt Jugendreisen. *In:* FREERICKS, R., KORBUS, T. & PORWOL, B. (Hrsg.) *Jugendreisen 2.0: Analysen und Perspektiven.* Bielefeld: ruf akademie.

Büchy, Jürgen 2012. "Was macht ihr Kind eigentlich während der Sommerferien?". *In:* FREERICKS, R., KORBUS, T. & PORWOL, B. (Hrsg.) *Jugendreisen 2.0: Analysen und Perspektiven.* Bielefeld: ruf akademie.

Buhalis, Dimitrios und Egger, Roman 2006. Informations- und Kommunikationstechnologien als Mittel zur Prozess- und Produktioninnovation für den Unternehmer. *In:* PIKKEMAAT, B., PETERS, M. & WEIERMAIR, K. (Hrsg.) *Innovationen im Tourismus - Wettbewerbsvorteile durch neue Ideen und Angebote.* Berlin: Erich Schmidt Verlag.

Conrady, Roland 2012. Alter punktet nur bei Wein, Käse und Oldtimern: Warum und wie die Jugendkultur die Reisebranche prägt. *In:* FREERICKS, R., KORBUS, T. & PORWOL, B. (Hrsg.) *Jugendreisen 2.0: Analysen und Perspektiven.* Bielefeld: ruf akademie.

Dammler, Axel 2012. "Die beste Zeit meines Lebens!" Warum man auch in einer virtuellen Welt noch reale Reisen braucht. *In:* FREERICKS, R., KORBUS, T. & PORWOL, B. (Hrsg.) *Jugendreisen 2.0: Analysen und Perspektiven.* Bielefeld: ruf akademie.

Danielsson, Johanna; Lohmann, Martin und Sonntag, Ulf 2003. *Urlaubsreisen der Jugendlichen,* Kiel/Hamburg.

Dettmer, Harald ; Glück, Elisabeth; Hausmann, Thomas u. a. 2000. Jugend-/Seniorentourismus. *Tourismustypen.* München: Oldenbourg Wissenschaftsverlag

Duden. 2013. *Ansatz, der* [Online]. Verfügbar: http://www.duden.de/rechtschreibung/Ansatz#Bedeutung6a [Aufgerufen am 11. Februar 2013].

Ebert, Lena; Feierabend, Sabine; Karg, Ulrike u. a. 2011. JIM 2011: Jugend, Information, (Multi-) Media - Basisstudie zum Medienumgang 12- bis 19-Jähriger in Deutschland. *In:* MEDIENPÄDAGOGISCHER FORSCHUNGSVERBUND SÜDWEST (Hrsg.). Stuttgart.

Ferchhoff, Wilfried und Neubauer, Georg 1997. *Patchwork-Jugend. Eine Einführung in postmoderne Sichtweisen,* Opladen, Leske und Budrich.

Föste, Dirk 2012. Jan, das unbekannte Wesen - Über das Informations- und Reiseverhalten der "Digital Natives". *In:* FREERICKS, R., KORBUS, T. & PORWOL, B. (Hrsg.) *Jugendreisen 2.0: Analysen und Perspektiven.* Bielefeld: ruf akademie.

Gauf, Dieter und Gauf, Ulrich 2012. On the road: Jugendreisen mit dem Bus. *In:* FREERICKS, R., KORBUS, T. & PORWOL, B. (Hrsg.) *Jugendreisen 2.0: Analysen und Perspektiven.* Bielefeld: ruf akademie.

Gayler, Brigitte 1993. Jugendreisen, Jugendtourismus. *In:* HAHN, H. & KAGELMANN, J. H. (Hrsg.) *Tourismuspsychologie und Tourismussoziologie - Ein Handbuch zur Tourismuswissenschaft.* München: Quintessenz.

Gehlen, Thomas 1998. Jugendreisen. *In:* HAEDRICH, G., KASPAR, C., KLEMM, K. & KREILKAMP, E. (Hrsg.) *Tourismus-Management.* Berlin: Walter de Gruyter.

Gleu, Ritva K. und Kosmale, Jens-D. 2009. Deutsche Kinder- und Jugendreisen 2008 - Aktuelle Daten zu Struktur und Volumen. *In:* BUNDESFORUM KINDER- UND JUGENDREISEN E.V. (Hrsg.). Leipzig: Werbetechnik, Druck und Stempel, G. Hieke.

Gütersloh, Sigrid Meinhold-Henschel und u.a. 2011. Survey Jugend 2011 Baden-Württemberg. *In:* BADEN-WÜRTTEMBERG, J. (Hrsg.).

Hahn, Heinz und Kagelmann, Jürgen (Hrsg.) 1993. *Tourismuspsychologie und Tourismussoziologie - Einheit zur Tourismuswissenschaft,* München.

Hauschildt, Jürgen 1993. *Innovationsmanagement,* München, Vahlen.

Hedorfer, Petra 2012. Vorwort 2. *In:* FREERICKS, R., KORBUS, T. & PORWOL, B. (Hrsg.) *Jugendreisen 2.0: Analysen und Perspektiven.* Bielefeld: ruf akademie.

Hjalager, Anne-Mette 2001. Repairing innovation defectiveness in tourism. *Tourism Management.*

Hodgson, Peter 1990. New tourism product development - Market research's role. *Tourism Management.*

Hüttner, Manfred und Schwarting, Ulf 2002. *Grundzüge der Marktforschung,* München, Oldenbourg

Isenberg, Wolfgang 2012. Wird Reisen wieder zum Statussymbol? Annahmen über die Wirkungen der Kommunikation in sozialen Netzen. *In:* FREERICKS, R., KORBUS, T. & PORWOL, B. (Hrsg.) *Jugendreisen 2.0: Analysen und Perspektiven.* Bielefeld: ruf akademie.

Jugendreise-News. 2007. *Jugendtouristik auf der ITB: neue Themenreisen und viel Programm* [Online]. Verfügbar: http://www.jugendreise-news.de/2007/03/jugendtouristik-auf-der-itb-neue-themenreisen-und-viel-programm-75/ [Aufgerufen am 07.02. 2013].

Keller, Peter C. 2008. Innovation und Tourismus. *In:* WEIERMAIR, K., PETERS, M., PECHLANER, H. & KAISER, M.-O. (Hrsg.) *Unternehmertum im Tourismus - Führen mit Erneuerungen.* Berlin: Erich Schmidt Verlag.

Kirstges, Torsten 1996. *Expansionsstrategien im Tourismus - Marktanalyse und Strategiebausteine für mittelständische Reiseveranstalter,* Wiesbaden, Gabler.

Klein, Eckehard 2012. Wir bleiben anders: Wie ein "linker" Jugendverband das Jugendreisen sieht. *In:* FREERICKS, R., KORBUS, T. & PORWOL, B. (Hrsg.) *Jugendreisen 2.0: Analysen und Perspektiven.* Bielefeld: ruf akademie.

Koch, Jörg 2004. *Marktforschung: Begriffe und Methoden,* München, Oldenbourg.

Korbus, Thomas 2012. Vom Spezialisten zum Vollsortimenter für junges Reisen: Die Entwicklungsgeschichte von ruf seit 1996. *In:* FREERICKS, R., KORBUS, T. & PORWOL, B. (Hrsg.) *Jugendreisen 2.0: Analysen und Perspektiven.* Bielefeld: ruf akademie.

Kosakowski, Rolf 2012. Bildung - das Business von morgen: Ein Megatrend, der den Kinder- und Jugendreisemarkt prägen wird. *In:* FREERICKS, R., KORBUS, T. & PORWOL, B. (Hrsg.) *Jugendreisen 2.0: Analysen und Perspektiven.* Bielefeld: ruf akademie.

Kosmale, Jens-D.; Lauterbach, Anja; Lennartz, Stephan u. a. 2001. *Leitfaden zum Kinder- und Jugendtourismus in Deutschland,* Berlin.

Kubisch, Eric und Richter, Benjamin 2012. Von der "colonie de vacances" bis zum Atlantic Surfer Paradise: Jugendreisen in Frankreich. *In:* FREERICKS, R., KORBUS, T. & PORWOL, B. (Hrsg.) *Jugendreisen 2.0: Analysen und Perspektiven.* Bielefeld: ruf akademie.

Lamnek, Siegfried 1995. *Qualitative Sozialforschung Band 2: Methoden und Technicken,* Weinheim, Beltz Psychologie Verlags Union.

Mayerhofer, Wolfgang 2009. Das Fokusgruppeninterview. *In:* BUBER, R. & HOLZMÜLLER, H. H. (Hrsg.) *Qualitative Marktforschung: Konzepte - Methoden - Analysen.* Wiesbaden: Gabler.

Miglbauer, Ernst 2007. Angebotsinnovation - Studie Jugend-Kulturtourismus: Strategisches Schwerpunktprogramm "Culture Tour Austria". *In:* BUNDESMINISTERIUM FÜR WIRTSCHAFT UND ARBEIT (Hrsg.). Ottensheim.

Möller, Claudia und Schuckert, Markus 2006. Customer orientation through emotional marketing - towards creating an innovative virtual buying experience. *In:* WALDER, B., WEIERMAIR, K. & SANCHO PÉREZ, A. (Hrsg.) *Innovation and Product Development in Tourism - Creating Sustainable Competitive Advantage.* Berlin: Erich Schmidt Verlag.

Müller, Hansruedi 2006. Qualitätsmanagement als Triebfeder von Innovationsprozessen und ihren Grenzen. *In:* PIKKEMAAT, B., PETERS, M. & WEIERMAIR, K. (Hrsg.) *Innovationen im Tourismus - Wettbewerbsvorteile durch neue Ideen und Angebote.* Berlin: Schriften zu Tourismus und Freizeit.

Müller, Werner 1997. Inhaltliches Engagement und professioneller Rahmen: Zur "dualen Legitimation" des Jugendreisens. *In:* KORBUS, T., NAHRSTEDT, W., PORWOL, B. & TEICHERT, M. (Hrsg.) *Jugendreisen: Vom Staat zum Markt - Analysen und Perspektiven.* Bielefeld: Institut für Freizeitwissenschaft und Kulturarbeit e.V. (IFKA).

Müller, Werner 2012. Auf dem Weg zum "Bündnis Jugendmobilität und Bildung". *In:* FREERICKS, R., KORBUS, T. & PORWOL, B. (Hrsg.) *Jugendreisen 2.0: Analysen und Perspektiven.* Bielefeld: ruf akademie.

Noelle-Neumann, Elisabeth und Petersen, Thomas 2005. *Alle, Nicht Jeder: Einführung in die Methoden der Demoskopie,* München, Springer.

o. V. 2011. *Freizeit-Monitor 2011,* Hamburg, epuli GmbH.

Oberste-Lehn, Herbert 1997. Jugendtourismus im "Dritten Sektor" zwischen Markt und Staat. *In:* KORBUS, T., NAHRSTEDT, W., PORWOL, B. & TEICHERT, M. (Hrsg.) *Jugendreisen: Vom Staat zum Markt - Analysen und Perspektiven.* Bielefeld: Institut für Freizeitwissenschaft und Kulturarbeit e.V. (IFKA).

Oehler, Kristina; Schnellen, Katharina und Nitzke, Kai 2012. Innovative Reisekonzepte für eine dynamische Gesellschaft. *In:* FREERICKS, R., KORBUS, T. & PORWOL, B. (Hrsg.) *Jugendreisen 2.0: Analysen und Perspektiven.* Bielefeld: ruf akademie.

Opaschowski, Horst W. 2009. *Tourismusanalyse 2009,* Hamburg, STIFTUNG FÜR ZUKUNFTSFRAGEN - Eine Initiative von British American Tobacco

Paul, Herbert und Wollny, Volrad 2011. *Instrumente des strategischen Managements - Grundlagen und Anwendung,* München, Oldenbourg.

Pechlaner, Harald; Fischer, Elisabeth und Priglinger, Petra 2006. Die Entwicklung von Innovationen in Destinationen - Die Rolle der Tourismusorganisation. *In:* PIKKEMAAT, B., PETERS, M. & WEIERMAIR, K. (Hrsg.) *Innovationen im Tourismus - Wettbewerbsvorteile durch neue Ideen und Angebote.* Berlin: Erich Schmidt Verlag.

Peters, Heike 2012. Qualität von Kinder- und Jugendgruppenfahrten: Evaluiert und entwickelt durch Team und Teilnehmende. *In:* FREERICKS, R., KORBUS, T. & PORWOL, B. (Hrsg.) *Jugendreisen 2.0: Analysen und Perspektiven.* Bielefeld: ruf akademie.

Pikkemaat, Birgit und Peters, Mike 2006. Zur Relevanz von Innovationen im Tourismus: eine Einführung. *In:* PIKKEMAAT, B., PETERS, M. & WEIERMAIR, K. (Hrsg.) *Innovationen im Tourismus - Wettbewerbsvorteile durch neue Ideen und Angebote.* Berlin: Erich Schmidt Verlag.

Pikkemaat, Birgit und Pfeil, Silvia 2006. Knowledge management as precursor for innovation in tourism - the case of "Family Nests" in Tyrol. *In:* WALDER, B., WEIERMAIR, K. & SANCHO PÉREZ, A. (Hrsg.) *Innovation and Product Development in Tourism - Creating Sustainable Competitive Advantage.* Berlin: Erich Schmidt Verlag.

Pompl, Wilhelm und Buer, Christian 2006. Notwendigkeit, Probleme und Besonderheiten von Innovationen bei touristischen Dienstleistungen. *In:* PIKKEMAAT, B., PETERS, M. & WEIERMAIR, K. (Hrsg.) *Innovationen im Tourismus -*

*Wettbewerbsvorteile durch neue Ideen und Angebote.* Berlin: Erich Schmidt Verlag.

Porwol, Bernhard 2001. *Qualität im Jugendtourismus: Die zentrale Bedeutung der Kundenzufriedenheit - Eine empirische Untersuchung,* Bielefeld, Institut für Freizeitwissenschaft und Kulturarbeit e. V. (IFKA).

Porwol, Bernhard 2012. Qualitätsfaktoren im Jugendtourismus. *In:* FREERICKS, R., KORBUS, T. & PORWOL, B. (Hrsg.) *Jugendreisen 2.0: Analysen und Perspektiven.* Bielefeld: ruf akademie.

Prager, Manfred 2012. Freiheit, Flirt und Fun - die Evergreens: Urlaubsbedürfnisse Jugendlicher im Spiegel der Zeit. *In:* FREERICKS, R., KORBUS, T. & PORWOL, B. (Hrsg.) *Jugendreisen 2.0: Analysen und Perspektiven.* Bielefeld: ruf akademie.

Product Manager. 5.9. 2012. *RE: Telefoninterview.*

Reinhardt, Ulrich 2012. *Tourismusanalyse 2012,* Hamburg.

Reisenetz. 2012. *Reisenetz - Deutscher Fachverband für Jugendreisen* [Online]. Berlin. Verfügbar: http://www.reisenetz.org [Aufgerufen am 10. Dezember 2012].

Rose, Mario; Schulte, Ulrich; Tracht, Michaela u. a. 2013. *ruf reisen: Europas größter Anbieter für betreute Kinder- und Jugendreisen* [Online]. Bielefeld. Verfügbar: http://www.ruf.de/ [Aufgerufen am 11. Januar 2013].

Schmidt, Harald 1997. Freizeitinteresse Reisen - Reiseinteressen: Ferien-Mobilität Jugendlicher in den (östlichen) deutschen Ländern. *In:* KORBUS, T., NAHRSTEDT, W., PORWOL, B. & TEICHERT, M. (Hrsg.) *Jugendreisen: Vom Staat zum Markt - Analysen und Perspektiven.* Bielefeld: Institut für Freizeitwissenschaft und Kulturarbeit e.V. (IFKA).

Snoy, Rena C. 2012. Fokusgruppen - Tiefe Einsichten durch qualitative Tools. *In:* ROEHL, H., WINKLER, B., EPPLER, M. & FRÖHLICH, C. (Hrsg.) *Werkzeuge des Wandels - Die 30 wirksamsten Tools des Change Management.* Stuttgart: Poeschel Verlag.

SOMM e.V. 2012. *Jeder vierte Jugendliche macht Musik-Musizieren ist interesannter als Einkaufsbummerl, Party und der Besuch in der Disco* [Online]. Verfügbar: http://www.presseportal.de/pm/76785/2221245/jeder-vierte-jugendliche-macht-musik-musizieren-ist-interessanterals- [Aufgerufen am 07.02. 2013].

Statistisches Bundesamt. 2013. *GENESIS-Online Datenbank* [Online]. Wiesbaden: Statistisches Bundesamt. Verfügbar: https://www-genesis.destatis.de/genesis/online/data;jsessionid=64D2FA4DF5BCAF761ECD0FE49D2C9522.tomcat_GO_1_1?operation=abruftab elleBearbeiten&levelindex=1&levelid=1358835791647&auswahloperation=abruftabelleAuspraegungAuswaehlen&auswahlverzeichnis=ordnungsstruktur&auswahlziel=werteabruf&selectionname=12411-0005&auswahltext=%23Z-31.12.2011%23SALT013-ALT014%2CALT015%2CALT016%2CALT017&werteabruf=Werteabruf [Aufgerufen am].

Teichert, Maria und Gehlen, Thomas 1998. Freizeitwissenschaft & Tourismusforschung. *Jahrbuch Freizeit 1998.* Bielefeld.

Teichert, Marina 1997. "Viele Wege führen nach Rom": Aber welcher (Vertriebs-)Weg direkt zum jungen Kunden? *In:* KORBUS, T., NAHRSTEDT, W., PORWOL, B. & TEICHERT, M. (Hrsg.) *Jugendreisen: Vom Staat zum Markt - Analysen und Perspektiven.* Bielefeld: Institut für Freizeitwissenschaft und Kulturarbeit e.V. (IFKA).

UNWTO 2011. The power of youth travel. *In:* WYSE TC (Hrsg.) *Affiliate Members Report.*

Walder, Bibiana 2006. Sources and determinants of innovations - the role of market forces. *In:* WALDER, B., WEIERMAIR, K. & SANCHO PÉREZ, A. (Hrsg.) *Innovation and Product Development in Tourism - Creating Sustainable Competitive Advantage.* Berlin: Erich Schmidt Verlag.

Walder, Bibiana und Pospiech, Andreas 2006. Innovationsprozesse im Tourismus - eine nachfrageorientierte Typologisierung. *In:* PIKKEMAAT, B., PETERS, M. & WEIERMAIR, K. (Hrsg.) *Innovationen im Tourismus - Wettbewerbsvorteile durch neue Ideen und Angebote.* Berlin: Erich Schmidt Verlag.

Weiermair, Klaus und Peters, Mike 2006. Zur Analyse des Innovationspotenzials der touristischen Wertekette. *In:* PIKKEMAAT, B., PETERS, M. & WEIERMAIR, K. (Hrsg.) *Innovationen im Tourismus - Wettbewerbsvorteile durch neue Ideen und Angebote.* Berlin: Erich Schmidt Verlag.

Weis, Christian und Steinmetz, Peter 2012a. Die Befragung. *In:* WEIS, C. (Hrsg.) *Marktforschung.* Herne: kiehl.

Weis, Hans Christian und Steinmetz, Peter 2012b. Gruppeninterviews. *In:* WEIS, C. (Hrsg.) *Marktforschung.* Herne: kiehl.

Wöhler, Karlheinz 2006. Zur Wahrnehmung von Innovationen: soziale und kulturelle Aspekte. *In:* PIKKEMAAT, B., PETERS, M. & WEIERMAIR, K. (Hrsg.) *Innovationen im Tourismus - Wettbewerbsvorteile durch neue Ideen und Angebote.* Berlin: Erich Schmidt Verlag.

# Anhang: Fragebogen in Papierform

## Fragebogen zum Thema: Musik-Reisen für Jugendliche

Als Studentin des Internationalen Studienganges Tourismusmanagement an der Hochschule Bremen führe ich im Rahmen meiner Abschlussarbeit eine Umfrage zum Thema „Musik-Reisen für Jugendliche" durch. Unter einer Musik-Reise wird hierbei eine Reise verstanden, bei der Jugendliche, die bereits ein Instrument spielen oder singen, während ihres Urlaubes gemeinsam musizieren. Es handelt sich um eine betreute Gruppenreise, die die Rahmenbedingungen des gemeinsamen Musizierens schafft. Es sind keine Orchester- oder Bandfahrten gemeint.
Dazu würde ich Dich als musizierende/n Jugendliche/n zwischen 14 und 17 Jahren bitten, mir einige Fragen zu beantworten. Selbstverständlich werden Deine Daten anonym verarbeitet. Diese Umfrage ist wichtig, damit das Konzept einer Musik-Reise nach Euren Wünschen entwickelt werden kann. Die Bearbeitung wird maximal 10 Minuten dauern. Bei Fragen oder Unklarheiten kontaktiere mich gerne via E-Mail: mradermacher@stud.hs-bremen.de.
Vielen Dank für Deine Mitarbeit!

**1. Wie viele Urlaubsreisen (länger als 5 Tage) hast Du im Jahr 2011 unternommen?** ______________

**2. Hast Du in Deinem letzten Urlaub musiziert?** ❍ ja ❍ nein

**3. Welche/s Instrument/e spielst Du? Singst Du?** ______________________________

**4. Kannst Du Dir grundsätzlich vorstellen, an einer Musik-Reise teilzunehmen?**
❍ ja ❍ nein ❍ weiß nicht

**4a. Falls ja, warum?** ______________________________

**4b. Falls nein, warum nicht?** ______________________________

**I Rahmen der Musik-Reise**

**5. Wie lange sollte eine Musik-Reise Deiner Meinung nach dauern?**
❍ <7 Tage ❍ 7 Tage ❍ 10 Tage ❍ 12 Tage ❍ 14 Tage ❍ >14 Tage

**6. In welchen Schulferien würdest Du an einer Musik-Reise teilnehmen?** Mehrfachnennungen möglich
❍ Osterferien ❍ Sommerferien ❍ Herbstferien ❍ Weihnachtsferien ❍ weiß nicht
❍ sonstiges: ______________________

**7. Würdest Du neben der Musik-Reise im gleichen Jahr noch zusätzliche Reisen unternehmen?**
❍ ja ❍ nein (weiter bei 8.)

**7a. Falls ja, räumst Du der Musik-Reise einen höheren Stellenwert als der anderen Reise ein?**
❍ ja ❍ nein

**8. Wohin sollte die Musik-Reise gehen? Gehe davon aus, dass eigene Instrumente mitgenommen werden (abgesehen von Klavier, Schlagzeug u. ä. schwertransportierbaren Instrumenten) und es sich um eine Busreise handelt.** Mehrfachnennungen möglich
❍ Dänemark ❍ Deutschland ❍ Frankreich ❍ Griechenland
❍ Großbritannien ❍ Italien ❍ Kroatien ❍ Niederlande
❍ Norwegen ❍ Schweden ❍ Spanien ❍ Ungarn
❍ egal ❍ anderes: ______________________________

**9. Wie wichtig ist Dir, dass Du mit einer/m Freund/in an der Musik-Reise teilnimmst?**
❍ sehr wichtig ❍ eher wichtig ❍ eher unwichtig ❍ völlig unwichtig

**10. Wie wichtig ist Dir, dass folgende fachliche Betreuer zusätzlich zu den üblichen Betreuern die Musik-Reise begleiten?**

| | sehr wichtig | eher wichtig | eher unwichtig | völlig unwichtig | weiß nicht |
|---|---|---|---|---|---|
| Musikstudenten | ❍ | ❍ | ❍ | ❍ | ❍ |
| Hobbymusiker (mind. 18 Jahre alt) | ❍ | ❍ | ❍ | ❍ | ❍ |
| Ausgebildete Instrumentallehrer für verschiedene Instrumentengruppen | ❍ | ❍ | ❍ | ❍ | ❍ |
| Bandleiter | ❍ | ❍ | ❍ | ❍ | ❍ |

**11. Wie viele Jugendliche sollten Deiner Meinung nach bei der Musikreise innerhalb einer Probe maximal zusammen musizieren?** __________ Jugendliche

h

## II Inhalte der Musik-Reise

**12. Wie viele Stunden möchtest Du auf der Musik-Reise idealerweise an einem Tag in gemeinsamen Proben musizieren?**
❍ 1-2 Stunden ❍ 2-4 Stunden ❍ 4-6 Stunden ❍ 6 Stunden und mehr ❍ weiß nicht

**13. Möchtest Du, dass die Gruppe auf der Musik-Reise eigene Konzerte gibt?**
❍ ja ❍ nein (weiter bei 14.)
**13a. Falls ja, wie oft sollen diese gemeinsamen Konzerte stattfinden?**
❍ jeden Tag ❍ jeden zweiten Tag ❍ zweimal pro Woche ❍ nur ein Abschlusskonzert

**14. Wie wichtig wäre Dir, dass ein bekannter Berufsmusiker Euch auf der Musik-Reise besucht?**
❍ sehr wichtig ❍ eher wichtig ❍ eher unwichtig ❍ völlig unwichtig

**15. Welcher Berufsmusiker sollte es sein?** ______________________________

**16. Im Folgenden sind einige Workshops, die während einer Musik-Reise angeboten werden, aufgelistet. Wie wahrscheinlich ist es, dass Du bei den jeweiligen Workshops teilnimmst?**
1 – sehr wahrscheinlich, 2 – eher wahrscheinlich, 3 – eher unwahrscheinlich, 4- sehr unwahrscheinlich, 5 – weiß nicht

| | 1 | 2 | 3 | 4 | 5 |
|---|---|---|---|---|---|
| Technik und Ansatz | ❍ | ❍ | ❍ | ❍ | ❍ |
| Landestypische Musik | ❍ | ❍ | ❍ | ❍ | ❍ |
| Improvisation | ❍ | ❍ | ❍ | ❍ | ❍ |
| Musiktheorie | ❍ | ❍ | ❍ | ❍ | ❍ |
| Jam Session | ❍ | ❍ | ❍ | ❍ | ❍ |
| Tanz | ❍ | ❍ | ❍ | ❍ | ❍ |
| Beat-&Rhythm – Training | ❍ | ❍ | ❍ | ❍ | ❍ |

**17. Wie wichtig sind Dir die weiteren Aktivitäten im Freizeitprogramm einer Musik-Reise?**

| | sehr wichtig | eher wichtig | eher unwichtig | völlig unwichtig | weiß nicht |
|---|---|---|---|---|---|
| zum Strand gehen | ❍ | ❍ | ❍ | ❍ | ❍ |
| Wellness | ❍ | ❍ | ❍ | ❍ | ❍ |
| Handwerklich, künstlerisch Kreatives | ❍ | ❍ | ❍ | ❍ | ❍ |
| Sport | ❍ | ❍ | ❍ | ❍ | ❍ |
| Wandern | ❍ | ❍ | ❍ | ❍ | ❍ |
| Ausflüge zu Naturattraktionen | ❍ | ❍ | ❍ | ❍ | ❍ |
| Ausflüge zu historischen Sehenswürdigkeiten | ❍ | ❍ | ❍ | ❍ | ❍ |
| Stadtbesichtigung, -rallye | ❍ | ❍ | ❍ | ❍ | ❍ |
| Shoppen | ❍ | ❍ | ❍ | ❍ | ❍ |
| Museumsbesuch | ❍ | ❍ | ❍ | ❍ | ❍ |
| landestypische Spezialitäten genießen | ❍ | ❍ | ❍ | ❍ | ❍ |
| Partys innerhalb der Anlage | ❍ | ❍ | ❍ | ❍ | ❍ |
| Diskobesuche | ❍ | ❍ | ❍ | ❍ | ❍ |
| Themen-Abende wie Quiznights, Karaoke, Movienights, Pokernights usw. | ❍ | ❍ | ❍ | ❍ | ❍ |
| Besuch von Konzerten | ❍ | ❍ | ❍ | ❍ | ❍ |
| Ausruhen und viel schlafen | ❍ | ❍ | ❍ | ❍ | ❍ |
| Zeit für mich | ❍ | ❍ | ❍ | ❍ | ❍ |

**18. Im Folgenden werden einige Vorschläge zur Programmgestaltung der Musik-Reise gemacht. Bitte beantworte die dazugehörigen Fragen.**

**18a. Möchtest Du ein klar strukturiertes Programm mit festen Zeiten?** ❍ ja ❍ nein

**18b. Möchtest Du verpflichtende Probeeinheiten?** ❍ ja ❍ nein

**18c. Wie lange sollte eine Probeeinheit Deiner Meinung nach dauern?** ❍ 1,5 Stunden ❍ 2 Stunden

**18d. Wann möchtest Du im Rahmen von Probeeinheiten musizieren?**
❍ nur vormittags ❍ nur nachmittags ❍ 1 Einheit vormittags, 1 Einheit nachmittags

**18e. Sollte es die Möglichkeit des selbstständigen Musizierens ohne Anleitung geben?** ❍ ja ❍ nein

**18f. Wann möchtest Du täglich mit der ersten Probe- bzw. Freizeiteinheit/Workshopeinheit beginnen?**
❍ 8:00 Uhr ❍ 9:00 Uhr ❍ 10:00 Uhr ❍ 11:00 Uhr

**18g. Welchen Wochenrhythmus ziehst Du vor?**
❍ jeder Tag ist gleich strukturiert
❍ in der Woche gibt es mindestens einen freien Tag
❍ aufeinanderfolgende Tage sind unterschiedlich strukturiert
❍ sonstiges: ____________________

**19. Welche der folgenden Hauptbeweggründe, an solch einer Musik-Reise teilzunehmen, treffen für Dich zu?**

| | zutreffend | eher zutreffend | eher unzutreffend | unzutreffend | weiß nicht |
|---|---|---|---|---|---|
| gemeinsames Musizieren | ❍ | ❍ | ❍ | ❍ | ❍ |
| neue Leute kennenlernen | ❍ | ❍ | ❍ | ❍ | ❍ |
| etwas lernen/sich verbessern | ❍ | ❍ | ❍ | ❍ | ❍ |
| Spaß haben | ❍ | ❍ | ❍ | ❍ | ❍ |
| Gruppenerlebnis | ❍ | ❍ | ❍ | ❍ | ❍ |

❍ sonstiges: ____________________

**20. Eigene Ergänzungen, Anregungen, Ideen, die im vorliegenden Fragebogen noch nicht angesprochen wurden:** ____________________

____________________

## III Angaben zu Deiner Person

**Geschlecht:** ❍ weiblich ❍ männlich

**Wie alt bist Du?** _____ Jahre

**In welcher Stadt wohnst Du?** ____________________

**Auf was für eine Schule gehst Du?**
❍ Hauptschule ❍ Realschule ❍ Gesamtschule ❍ Gymnasium ❍ Berufsschule

**Gehst Du zu einer Musikschule?** ❍ ja ❍ nein

**Wie lange spielst Du schon Dein/e Instrument/e?** __________ Jahre

**Bist Du Mitglied in einer Band?** ❍ ja ❍ nein

**Vielen Dank für Deine Teilnahme!**

j

Die folgenden Anhänge sind für Sie zum Download bereitgestellt unter
www.ibidem-verlag.de/downloads/9783838205274.pdf

## Inhalt

## SCHRIFTENREIHE DER SCHOOL OF INTERNATIONAL BUSINESS
## Internationaler Studiengang für Tourismusmanagement (ISTM)

Herausgegeben von Felix Bernhard Herle

ISSN 1863-9798

1 *Katharina Schirmbeck*
Markenbildung für Regionen
Dachmarkenkonzepte im deutschen Regionalmarketing
ISBN 3-89821-689-6

2 *Stefanie Kranawetter und Ivonne Mühlner*
Erfolgreiches Krisenmanagement für Reiseveranstalter
Ein Handbuch für plötzlich auftretende Krisen im Tourismus
ISBN 978-3-89821-835-1

3 *Angela Bergner*
Tourismus als Mittel zur Armutsminderung in Nepal
Das "Tourism for Rural Poverty Alleviation Programme" (TRPAP)
ISBN 978-3-89821-853-5

4 *Felix Bernhard Herle*
Strategische Planung grenzenloser Destinationen
Vertikale und branchenübergreifende Erweiterung Touristischer Regionen
ISBN 978-3-89821-908-2

5 *Birte Heidbreder*
Gütesiegel zur Einflussnahme auf die touristische Entwicklung einer Destination
Erfolgsanalyse des CST Costa Ricas für nachhaltigen Tourismus
ISBN 978-3-89821-986-0

6 *Linda von Nerée*
Das touristische Potential Hamburgs für chinesische Europa-Reisende
Eine Bestandsanalyse mit konkreten Veränderungsvorschlägen
ISBN 978-3-89821-780-4

7 *Joana Heinemann*
Mountainbike-Tourismus im Wettbewerb
Zielgruppenorientierte Optimierung von Packages im Destinationsmarketing
ISBN 978-3-8382-0167-2

8 *Tina Böttinger*
Die Entwicklung der Erlebnisorientierung
Status quo und Perspektiven in der Kreuzfahrt- und Themenparkbranche
ISBN 978-3-8382-0259-4

9 *Moritz Busch*
Kooperationspotenziale von Lufthansa und Germanwings aus Konsumentenperspektive
Eine Untersuchung zu Einflussfaktoren auf die konsumentenperspektivische Akzeptanz von Kooperationen konträrer Geschäftsmodelle
ISBN 978-3-8382-0456-7

10 *Stefanie Schmaus*
A Brand Identity for the Frisian Wadden Sea
Destination Branding on the Basis of Destination Image Analysis
ISBN 978-3-8382-0490-1

11 *Maike Radermacher*
Musizierende Jugend auf Reisen
Konzeptentwicklung einer Musik-Reise für den deutschen Jugendreisemarkt
ISBN 978-3-8382-0527-4

# Sie haben die Wahl:

Bestellen Sie die

*Schriftenreihe der School of International Business – Internationaler Studiengang für Tourismusmanagement (ISTM)*

**einzeln** oder im **Abonnement**

per E-Mail: vertrieb@ibidem-verlag.de |per Fax (0511/262 2201)

als Brief (*ibidem*-Verlag | Leuschnerstr. 40 | 30457 Hannover)

**Bestellformular**

❐ Ich abonniere die *Schriftenreihe der School of International Business – Internationaler Studiengang für Tourismusmanagement (ISTM)* ab Band # ____

❐ Ich bestelle die folgenden Bände der *Schriftenreihe der School of International Business – Internationaler Studiengang für Tourismusmanagement (ISTM)*

# ____; ____; ____; ____; ____; ____; ____; ____; ____; ____

**Lieferanschrift:**

Vorname, Name ......................................................................................

Anschrift ..............................................................................................

E-Mail............................................... | Tel.:...............................................

Datum ............................................... | Unterschrift ....................................

**Ihre Abonnement-Vorteile im Überblick:**

- Sie erhalten jedes Buch der Schriftenreihe pünktlich zum Erscheinungstermin – immer aktuell, ohne weitere Bestellung durch Sie.
- Das Abonnement ist jederzeit kündbar.
- Die Lieferung ist innerhalb Deutschlands versandkostenfrei.
- Bei Nichtgefallen können Sie jedes Buch innerhalb von 14 Tagen an uns zurücksenden.

***ibidem*-Verlag**

Melchiorstr. 15

D-70439 Stuttgart

info@ibidem-verlag.de

www.ibidem-verlag.de
www.ibidem.eu
www.edition-noema.de
www.autorenbetreuung.de

Zeitfracht Medien GmbH
Ferdinand-Jühlke-Straße 7
99095 Erfurt, Deutschland
produktsicherheit@kolibri360.de